AF291116

Andreas Scheil

Nationalliberalismus

novum pocket

Bibliografische Information
der Deutschen Nationalbibliothek:

Die Deutsche Nationalbibliothek
verzeichnet diese Publikation in der
Deutschen Nationalbibliografie.
Detaillierte bibliografische Daten
sind im Internet über
http://www.d-nb.de abrufbar.

© 2020 novum Verlag

ISBN 978-3-99010-919-9
Umschlagfoto: Andreas Scheil
Umschlaggestaltung, Layout &
Satz: novum Verlag

Gedruckt in der Europäischen Union
auf umweltfreundlichem, chlor- und
säurefrei gebleichtem Papier.

www.novumverlag.com

INHALTSVERZEICHNIS

VORWORT

Die aktuelle politische Debatte in Deutschland ist von zwei Zuständen durchdrungen: Unverständnis unter den Debattierenden und Ratlosigkeit, wie es gemeinsam politisch weitergehen soll. Die Gräben, die zwischen den verschiedenen Debattenpositionen entstehen, scheinen dabei seit einigen Jahren immer breiter und tiefer zu werden. Schuld daran sind zwei wesentliche und unverzichtbare Begriffe, die in der gesamten deutschen öffentlichen Debatte – egal in welcher allgemein zugänglichen Diskussionsrunde – zersetzt, verzerrt, entsinnlicht und verteufelt werden. Es sind die beiden Begriffe Nationalismus und Liberalismus.

In diesem Buch geht es um die Rehabilitierung dieser beiden politischen Kernbegriffe. Aus der Klärung dieser beiden Begriffe und deren Zusammenspiel ergibt sich die große politische Hoffnung für unsere regionale, nationale und internationale Zukunft. Die Dekontaminierung dieser beiden Begriffe macht den Weg frei für eine gesunde politische Entwicklung unseres Landes. Wenn dieses Buch einen Teil zu dieser Klärung beitragen könnte, dann hätte es seinen Sinn erfüllt. Es werden sich daraus weitere Präzisierungen ergeben. Der politische Prozess ist in jeder Hinsicht immer ein dynamischer und unvollendeter. Das wird jedoch alle bestrebten Beteiligten nicht davon abhalten, die maximale Klarheit zu erreichen.

In der Debatte dieses zu Ende gehenden Jahrzehnts ist es die AfD, die stetig versucht im politischen Alltag bei allen Themen mit dem Sinn des Nationalismus und des Liberalismus zu arbeiten und nicht vor der Deutungskraft dieser beiden Begriffe anzuhalten oder sich gar dafür zu entschuldigen. Alle anderen Parteien über der 5 % Marke tun das. Selbst die FDP überlässt den Linken den Diskurs über den Liberalismus, in dem sie diesen Begriff fortlaufend durch den schwächlichen Begriff Neoliberalismus diffamieren lässt. Und auch in der CDU wird der Begriff Nationalismus nur mit Abscheu in den Mund genommen. Das muss beides nicht so bleiben. Diese beiden Parteien, genauso wie die SPD könnten wieder einen gesunden Sinn für diese beiden politischen Kernelemente entwickeln. Im Laufe des letzten Jahrzehntes haben sich FDP, CDU und SPD jedoch so weit weg von den wesentlichen Inhalten dieser Kernbegriffe entfernt, dass sich daraus zwangsläufig eine Bewegung zu einer Partei entwickelt hat, die diese Kernbegriffe substantiell und auch mit ihren Auswirkungen ernst nimmt.

Die AfD befindet sich in ihrer jungen Entwicklung noch auf der Suche nach einer einigenden programmatischen Präzisierung. Das Nationale und das Liberale liefern programmatische Leitlinien, die schon bis dato instinktiv die Motive zur Haltung gegenüber den verschiedenen großen Politthemen des letzten Jahrzehntes geliefert haben. Die Ideen des Nationalismus und des Liberalismus reifen seit langer Vergangenheit und ermöglichen politische Lösungen für die Gegenwart und bis in die ferne Zukunft. Alle aktuellen Themen lassen sich auf diese beiden Begriffe herunterbrechen.

Bei Anwendung der Prämissen des Nationalismus und des Liberalismus scheinen bei allen aktuellen Themen die AfD Kernpositionen hindurch. Wenn dieses vorausgesetzt werden kann, dann darf man mit Fug und Recht behaupten, dass es sich bei der AfD um eine nationalliberale Partei handeln könnte, die die epochalen Bedeutungen der beiden Begriffe Nationalismus und Liberalismus zum Ausgangspunkt ihrer gesamten politischen Strategie machen könnte.

Warum hier noch die Möglichkeitsform? Die AfD ist noch auf der programmatischen Suche nach sich selbst. Daraus entstehen in der öffentlichen Debatte immer wieder Missverständnisse. Das Verleumdungspotential wird aufgemacht, wenn sich die AfD keinen klaren und eindeutigen strategischen Ordnungsrahmen gibt. Die Parteimitglieder, die Wähler und die Öffentlichkeit brauchen eine feste ideologische Zuordnung. Wenn sich diese glaubhaft manifestieren würde, dann würden extreme Meinungsäußerungen einzelner Parteimitglieder marginalisiert werden. Auch Haltungen weniger Parteimitglieder in Randbereichen des Liberalen, des Bürgerlichen oder des Nationalen, könnten von Kritikern nicht mehr dazu genutzt werden, alle anderen Parteimitglieder dafür geistig und moralisch mit haftbar zu machen.

Es ist offen, ob sich die AfD programmatisch auf den Nationalliberalismus einlässt, der sich aus dem Begriffspaar ergibt. Auch FDP und CDU könnten Ihre programmatische Schwergewichtung in diese Richtung bewegen. Es ist der Sinn dieses Buches, die programmatische Kernfundierung des Nationalliberalismus in all seinen politischen Facetten aufzuzeigen und im besten Falle nachzuweisen, dass diese für Parteien nutzbar ist. Unverkennbar drängt

sich nach Ablauf der 10er Jahre die AfD auf, am meisten
Nutzen aus dieser Kernfundierung zu ziehen. Bevor man
die Programmatik des Nationalliberalismus erfolgreich
in die Öffentlichkeit bringen kann, ist jedoch eine Menge Aufklärungsarbeit zu leisten. Auf geht's.

NATIONALISMUS

Politische Verantwortung ist mit dem Begriff Nation verknüpft. Nation entstammt der Begrifflichkeit Geburt.
Geburt zeugt immer von Abstammung. Geburt bildet
den zentralen Anker der Zugehörigkeit. Geburt selbst ist
bei Weitem nicht hinreichend. Die Gebürtigen müssen
sich einer Gemeinschaft zuordnen, bevor von Stamm,
Landsleuten, Volk, Staatsgemeinschaft oder Nation geredet werden kann. Der Zuwendung zu einer Nationalität in diesem Sinne steht die Abwendung gegen eine
Nationalität entgegen. Die bekanntesten Zuwendun-
gen zu einer Nationalität in den letzten Jahren waren
die deutsche und die krimrussische. Die Abwendungen
von Nationalitäten überwogen, wie die slowakische, die
slowenische, die kroatische, die bosnisch-muslimische,
die makedonische und die südsudanesische. Innerhalb
bestehender Nationen gibt es immer wieder Abwendungen zu verzeichnen. Beispiele dafür sind Katalonien und
Schottland. Auch die Vermeidung eines gemeinsamen
Bundeslandes Berlin-Brandenburg durch die Brandenburger gehört zu diesen Abwendungen hinzu.

Auf Europaebene gab es im Rahmen der verfassungsge-
benden Versammlungen in den Jahren 2000 bis 2005
mehrheitlich Nationen mit Zuwendung zu einer größer
werdenden europäischen Nation, die einen gänzlich neu-
en Maßstab in den europäischen Nationalitäten generiert hätte. Jedoch, sind die durch Volksabstimmungen
bestätigten Abwendungen gerade der Franzosen und

der Niederländer von wesentlich durchschlagender Bedeutung gewesen, als die Hinwendungen der Spanier, Italiener, Griechen, Deutschen, Briten oder Schweden zu einer neuen europäischen Nation zu Beginn dieses Jahrhunderts.

Die epochale Bedeutung der Abwendungen durch Frankreich und Niederlande wird bis heute heruntergespielt – zu Unrecht. Denn diese Abwendung warf nicht nur die Nationen in Europa auf sich zurück, bei verkrampftem Bemühen eine europäische Ordnung aufrecht zu erhalten. Sie zeigte den Nationen auch auf, wie sie den Weg in eine erfolgreichere europäische Nationenbildung hätten weitergehen können. Damit einher hätte es eine Wiederbelebung echter, direkter und fruchtbarer Beziehungen zu den wichtigen afrikanischen Nationen geben können. Diese beiden Entwicklungsmöglichkeiten hat es nach den abschlägigen Volksentscheiden der Franzosen und Niederländer zur ersten gemeinsamen EU-Verfassung im Jahre 2005, und der damit verhinderten Gründung eines europäischen Bundesstaates anstelle des Staatenbundes nicht gegeben. Die Gründung der europäischen Nation wurde 2005 nicht vollendet. Leider.

Die Beziehungen zwischen den wichtigen europäischen und afrikanischen Nationen sind unter der Ägide der EU verkümmert. Die Nationen beider Kontinente könnten beweisen, wie sie echten Fortschritt unterstützen. Die EU als Interessengemeinschaft ohne jegliche Nationalität, versagt bei der Kooperation zwischen Europa und Afrika seit Jahrzehnten. Das wird einer der wesentlichsten Gründe dafür werden, dass das anmaßende, antinationale und antidemokratische Staatengebilde EU auf Dauer ins Leere laufen wird. So wie die EU im letzten Jahrzehnt organisiert war, ist es eine reine Frage der Zeit, wann diese implodiert. Da es politisch nie ratsam ist passiv abzuwarten ist es an der Zeit eine neue europäische Ordnung aufzustellen. Eine Ordnung, die nicht nur Europa selbst Gutes bringt, sondern auch den Beziehungen zwischen Europa und seiner Umgebung.

Grundsätzlich herrscht in Nationen immer Bewegung hin oder weg – ganz so wie es die unmittelbare Knüpfung an die Geburt und somit an das Leben zulässt oder nicht. Man muss sich entscheiden, ob man zu einer Nation gehören möchte oder nicht. Beides – sowohl dazu gehören als auch nicht dazu gehören, ganz so wie es gerade genehm ist, geht nicht. So hat noch nie eine Staatenorganisation je überlebt. So wird auch keine Staatenorganisation in der Zukunft überleben. So ist auch die EU zum Scheitern verurteilt. Die EU hat sich im Laufe dieses Jahrzehnts zunehmend weiter davon entfernt, sich Nation nennen zu dürfen. Die Bildung der Nationen sind fortlaufenden, gärenden und explodierenden Dynamiken ausgesetzt. Umso mehr sind die moralischen Übereinkünfte zu respektieren, die Nationen entstehen lassen und diese bewahren.

LIBERALISMUS

Freiheit ist das wichtigste demokratische Grundelement. Eine Nation kann sich nur in freier Entscheidung seiner Teilnehmer bilden. Wenn sie dies tun, dann werden sie Bürger, die sich allesamt in Gemeinschaft für die Nation verbürgen. Zur Bewahrung dieser essentiellen Freiheit gehört immanent die Definition, wer an dieser Verbürgung teilnimmt und wer nicht – und wenn ja, zu welchen Bedingungen diese Teilnahme gewährt wird.

Freiheit ist nicht irgendeine gesellschaftliche Bedingung. Sie ist die Bedingung. Die Befreiung aus äußeren Einschränkungen liegt im ureigensten Interesse jedes Lebewesens und somit in dem jedes Menschen. Schon immer. Das ist keine Erfindung des 19. Jahrhunderts. Im Gegenteil: Die übertriebene Freiheitsbewegung ausgehend von der französischen Revolution zeigt bis heute die Unmöglichkeiten, wenn Freiheit der einzige gesellschaftliche Maßstab bleibt. Bis hin dazu, dass dieser negiert wird, und im Kommunismus in dessen Gegenteil gekehrt wird – in die politische Gleichheit.

Die Skepsis gegenüber der Freiheit liegt allen linken politischen Parteien mit unterschiedlichen Entschuldigungsgraden inne – seit den 10'er Jahren auch der CDU – erstaunlicherweise. Diese Parteien suchen das Korrektiv zur Freiheit in der Gerechtigkeit. Nur die gibt es nicht. Vielleicht in individuellen Fantasien, jedoch nicht in gesellschaftlicher Realität. Die gesellschaftliche Gerechtigkeit wird es schon deshalb nicht geben, weil es dafür keinerlei allgemeingültigen Maßstab gibt. Die Parole wir wollen Gerechtigkeit negiert sich in dem Moment, in dem der einzelne Betrachter dieser Parole versucht festzustellen, dass Gerechtigkeit in seinem Umfeld erreicht werden könnte. Jeder einzelne Betrachter kommt schnell zur Einsicht, dass das vielleicht aus egozentrischem Kalkül denkbar ist. Jedoch müsste dieser einzelne Betrachter, nach Berücksichtigung aller Einzelschicksale mit all deren jeweils einzeln erlittenen Vor- oder Zurücksetzungen zubilligen, dass ein versuchtes Gerechtigkeitskalkül immer Schein bleiben wird. Einzelschicksale sind gerechtigkeitshandhabend nicht aufwiegbar. Gerechtigkeit mag als singulärer Idealmaßstab, mit bestimmten Gleichheitsprämissen für sich genommen anstrebbar sein, jedoch ginge das nur ohne Freiheit. Für den Freien, die Unterschiedlichkeit aller Individuen Kennenden, wird die programmatische Ansetzung von absoluter Gerechtigkeit immer schon aus sich selbst heraus illusionär bleiben. Der Liberale geht weiter und tiefer, um Gerechtigkeit näher zu kommen und weiß um die völlige Ungenügung der Gleichheit bei diesem Thema.

Was ist mit der Partei, die den Liberalismus als Parteinamen führt. Schön – aber ihr wohnt inne, dass sie kein Korrektiv besetzt. Das führt zur Beliebigkeit. Man kann die Liberalität in verschiedene Richtungen entwickeln, jedoch droht die Beliebigkeit. Besonders deutlich ist das geworden, als die FDP im Handstreich eines Parteitages und bis dato nicht diskutiert, familienpolitische Grundfeste von Jahrtausenden alter Entwicklung über Bord geworfen hat und die Basis des bürgerlichen Zusammenlebens der beliebigen liebestollen Willkür überlässt. Auch im Gesundheitswesen bleibt es einer Beliebigkeit von Interessengruppen überlassen, in welche Richtung der Liberalismus geht – jedenfalls nicht in die Richtung, die dem Liberalismus ordnungspolitisch am nächsten liegt, der Marktwirtschaft. Die liberale Gesundheitspolitik spätestens seit 2009 hat vielleicht mit vielem zu tun. Aber nichts mehr mit Marktwirtschaft.

Der Liberalismus ist der allererste Kompass politischer Entscheidung und übrigens auch des Grundgesetzes. Mit diesem Kompass sollte man keine Scherze machen. Selbst wenn man einen Steuersatz von 10 % auf die Einkommen erhebt, dann muss dieser Steuersatz auf dem liberalen Kompass genau und präzise begründet werden. Denn auch ein Steuersatz von 10 %, so wie dieser im deutschen Mittelalter am weitesten verbreitet war, verursacht eine Beschneidung des gesamten Restes, der deswegen nicht mehr gemacht werden kann. Der Grund dafür müsste ein guter sein, sodass er die Beschneidung deutlich und messbar überwiegt. Bei einem durchschnittlichen Steuersatz von ca. 30 % auf das Einkommen in Deutschland muss der Grund dafür zwangsläufig ein noch viel besserer sein.

Auch an dieser Stelle erkennt man wieder, wie dringend nötig die Rehabilitierung des Begriffes Liberalismus in Deutschland ist. Die allerersten Maßnahmen zu dessen Rehabilitierung wäre die Untersuchung aller Steuerprivilegien, Berufsprivilegien, Zuschussprivilegien, Körperschaftsprivilegien und Sozialhilfen auf deren Sinnhaftigkeit, den ganzen Rest des Volkes damit zu

beschneiden. Der Rest des Volkes, dem diese Privilegi-
en nicht vergönnt sind, muss diese mit seiner täglichen
Arbeit wieder auffangen.

Der Liberalismus braucht ein politisch strategisches Korrektiv, das seit mindestens einem Jahrzehnt von keiner
politischen Kraft in Deutschland mehr besetzt ist. Es ist
das Korrektiv des Einigenden. Es ist das Korrektiv des
Zusammengehörenden. Es ist das Korrektiv, in dessen
Kontext die biblischen Geschichten gestellt worden sind.
Es ist der Kontext des Nationalen. Im Nationalen kann
der Liberalismus seine Blüte entfalten. Genauso wie der
Nationalismus in jeder seiner Bestrebungen im Liberalismus geerdet und gehegt bleiben muss. Es ist der Nationalliberalismus, der im Kontext zunehmend die maßgeblichen Planken für eine gedeihliche Entwicklung der
Politik setzen wird. Es ist der Nationalliberalismus, der
nachprüfbare Lösungsansätze liefern wird.

NATIONALLIBERALISMUS

Nationale und liberale Politik bedingen einander. Sie befördern und beschränken sich mit den Ihnen eigenen Werten gegenseitig. Es gibt keine starke Nation ohne Freiheit. Und es gibt keine vollständige Freiheit ohne Nation. Ein Nationalist weiß, dass er auf Dauer nur dann seine Mission erfüllen kann, wenn er auf Freiheit gründet. Genauso wie der Liberale nur dann den Erfolg im Zusammenspiel der Kräfte sichern kann, wenn er sich auf die sichernden Verbindlichkeiten der Nation verlassen kann.

Die Wiederkehr des Nationalliberalismus in den 10er Jahren hat verschiedene Ursachen. Die ideologischen Kernkonkurrenzen im politischen Diskurs sind der Kommunismus, der Sozialismus, der Sozialliberalismus, der Konservativismus und der Ökologismus. Was sind die Gründe, die es allen diesen Strömungen mit Ihren Mitteln nicht möglich machte, das Wiedererstarken des Nationalliberalismus in Deutschland zu verhindern. Diese Gründe kann man mit einigen Schlagworten benennen, die von allen diesen Bewegungen als alternativloser und unumkehrbarer Gemeinsinn vorausgesetzt werden, ohne dass diese mit der politischen Realität in Deckung gebracht werden können. Diese Begriffe lassen sich zusammenfassen zu:

- Humanismus
- Globalismus
- Multilateralismus
- Semitismus

Der Humanismus ist der schwerste Gemeinplatz der herrschenden Parteien bis heute. Gegen Humanismus ist grundsätzlich nichts einzuwenden, wenn dieser in der Realität ohne Einschränkungen anwendbar wäre. Die Sozialforschungen in den letzten 2 Jahrzehnten haben ergeben, dass der Kantische Kategorische Imperativ in allen Kommunen auf der ganzen Welt ausnahmslos empirisch bestätigt werden kann. Der Mensch – egal wo – ist also aufgrund seiner ureigensten archetypischen Voraussetzung humanistisch. Also macht es Sinn, dieses zusammen mit dem über Jahrhunderte entwickelten Begriff Humanismus auch politisch umzusetzen. Und das, weil dieser Begriff ja in Gänze und von Anfang an gut ist. Wer diesen Begriff, egal in welcher Form und durch welche Aktion, in Frage stellt, der stellt sich schon von vornherein gegen das Gute. Und ist damit zwangsläufig Böse?

Diese Dialektik führte im Jahr 2015 fast zu dem absurden Unwort des Jahres „Gutmensch". Als Gegensatz allen denen gegenüber, die den politischen Begriff Humanismus nicht vorauseilend und blind mit zeichneten. Aber ist es so selbstverständlich, den Humanismus als ausschließlich politisch korrekt anzusetzen? Oder gibt es nicht doch politische Entwicklungen, die diesen Ansatz – zumindest teilweise in Frage stellen? Ergeben sich – auch vor dem Hintergrund der gesamten politischen Theorie, die in Deutschland über Hegel, Feuerbach, Marx, Heidegger und Adorno weiterentwickelt wurde – nicht zwangsläufig kontroverse Meinungen bei diesem Begriff. Und wenn es Gründe für kontroverse Meinungen gibt, dann kann auch die politisch härteste, entschlossenste und kompromissloseste These nicht

die Antithese verhindern, die sich aus einer politischen
Realität ergibt.

Ja, natürlich, es gibt diese politischen Entwicklungen.
Und die politische Hauptentwicklung, die den Humanismus in Frage stellt, hat einen ganz einfachen Namen, den
jeder kennt: Es ist der Name „Überbevölkerung“.

Die Überbevölkerung ist der Urgrund für alle aktuellen
politischen Probleme, die wir haben. Wenn ein politisches
Problem benannt wird, das nicht auf die Überbevölkerung rückführbar ist, dann ist es auf aktuellem Stand der
Entwicklung nicht wirklich ein Problem, sondern etwas
anderes. Die echten Probleme, die den Zeitgeist des politischen Diskurses bestimmen, sind etwa Klimawandel,
Emigration, Immigration, Rohstoffknappheit, Krieg,
Hunger, Seuchen, Energiemangel oder Umweltüberbe-
anspruchung. Alles dieses oder ähnlich bezeichnetes
lässt sich zurückführen auf Überbevölkerung. Wenn die
sich auflösen würde, dann würden sich damit weitestgehend auch die Probleme auflösen. Ob mehr oder weniger Staatswirtschaft, mehr oder weniger Umverteilung
oder vieles andere alltäglich Politische stellt Aufgaben
oder Optimierungsbedarf, oder man nenne es, wie man
möchte, aber eines sind diese Sachen nicht: Probleme.
Ernsthafte Probleme. Ernsthafte Probleme der derzei-
tigen politischen Debatte ergeben sich ausschließlich
aus dem Phänomen der weltweiten Überbevölkerung.

Der Humanismus hat es bis in diese 10er Jahre nicht
ansatzweise geschafft auf diese elementarste politische
Hauptentwicklung seit den 60er Jahren eine Antwort zu

finden. Im Gegenteil: In der aktuellen Wirkung verstärkt
der Humanismus, so wie er von allen herrschenden politischen Kräften bis in die 10er Jahre praktiziert wurde,
die Problematik der Überbevölkerung. Und das in vielfältigen und sich gegenseitig bedingenden Phänomenen.
Die völlige Ignorierung der herrschenden Klasse, wenn
man so will, dass Humanismus, so wie dieser in den letzten Jahrzehnten praktiziert wurde, der Eindämmung
der Überbevölkerung konträr läuft, provoziert schon
aus sich heraus die Entwicklung einer Haltung, die den
Humanismus in Frage stellt. Wenn der Humanismus von
den Grünen, der CDU, den Linken und wer sonst diesen
als Apriori, quasi gottgegeben voraussetzt, damit jedoch
seit den 70er Jahren die politischen Kernprobleme nicht
löst, der wird selbst mit den allerschwersten Meinungs-
verbotsaktionen nicht verhindern können, dass sich eine
politische Bewegung formiert, die zumindest versucht
für diese Kernproblematik Lösungen zu entwickeln und
sich dabei selbst verbietet Denkverbote anzusetzen.

Der Globalismus ist der nächste Gemeinplatz, der als unausweichlich gestellt wird, und der daraus folgend politische Reaktionen hervorruft, die dann als zwangsläufig
und als alternativlos gelten. Alles andere wäre widersin-
nig, weil es den Globalismus ja nun mal gibt, und dieser
Kraft seiner Wirkung Nationalabgrenzung fortlaufend
überflüssiger macht. Ist das tatsächlich so? Und gibt
es das so erst seit – sagen wir mal – den 70'er Jahren?

Nein. Natürlich nicht. Aus einem ganz einfachen Grunde.
Globalismus gab es schon immer. Wir als Homo Sapiens
eroberten von einem überschaubaren Raum um Äthiopien

herum vor zigtausenden von Jahren den gesamten Globus. Natürlich änderte sich über all die Jahrtausende die Art und Weise, wie die Globalisierung von statten ging. Sie nahm sicherlich an Transporttempo und an Informationsverfügbarkeit immer mehr zu. Jedoch zu postulieren, dass wir heute der Globalisierung ausgeliefert seien, und es diese erst seit einigen Jahrzehnten gibt, ist ein Fehlgriff. Es gab Globalisierung auch schon vor 100, 500 oder vor 2000 Jahren. Wir haben weiter alle Optionen der Globalisierung zur Verfügung. Wir können kooperieren, wir können mit fernen Ländern koalieren, wir können so frei sein mit bestimmten Ländern nichts zu tun haben zu wollen und wir können vieles mehr. Wir können alles. Wir können Reisen, Transporte oder Informationen global frei machen, genauso wie wir diese national, regional oder lokal beschränken können, wenn dieses rational sein sollte. Natürlich! Wer suggeriert uns denn, dass das alles eine Einbahnstraße ist?

Nur komplette Mobilität? Nur immer mehr Güter? Nur immer steigender Rohstoffverbrauch? Nur immer schnellere Verfügbarkeiten? Bitteschön, wenn das so gewünscht ist und vor allem funktioniert, bitteschön. Aber das ist doch nicht zwangsläufig. Wir sind entscheidungsfähige Wesen und das auch in Gruppen. Wir können zu allen Globalisierungsdynamiken auch Stopp sagen, wenn dieses die menschliche Rationalität gebietet. Und wir haben das in unserer Geschichte auch schon unter Beweis gestellt. Also lösen wir uns von der Chimäre Globalisierung und machen uns wieder entscheidungsfrei.

Damit kommen wir fließend zur nächsten zeitgeistigen politischen Korrektheit. Dem Multilateralismus. Der muss zwangsläufig sein. Weil wir Deutsche zum Beispiel allein gegen China oder USA nicht bestehen könnten. Wie bitte? Was sollen dann erst die Schweiz oder Island machen. Die hätten dann ja gar keine Chance. Oder das kleine afrikanische Guinea – eines der ganz wenigen Länder in Afrika die funktionieren. EU, NATO, UNO, OECD, Weltbank, IWF, KSZE, alles alternativlos? Da muss man mitmachen, oder man hat keine Chance? Quatsch! Natürlich gibt es für all diese Multilateralismen Alternativen und Möglichkeiten es besser zu machen. Einige Organisationen machen es besser, andere schlechter. Wenn Multilateralismen es gut machen, dann geht man damit weiter. Wenn es Multilateralismen jedoch schlecht machen, warum muss man dann damit weitermachen. Warum, wenn es bessere, rationalere, effizientere Möglichkeiten der Zusammenarbeit gibt, als vielleicht gerade dieser eine schlecht funktionierende Multilateralismus. Auch bestehende Multilateralismen darf man hinterfragen – immer. Und wenn man zu dem Schluss kommt, dass die EU unter Umständen so schlecht aufgestellt ist, dass man diese für die Erreichung der eigenen staatlichen Ziele verlassen sollte, dann wäre das noch lange nichts gegen Europa. Im Gegenteil: So eine Entscheidung machte aus eigenstaatlicher Sicht nur dann Sinn, wenn es danach auch für Europa besser wäre, denn wir wollen ja weiter und gut in diesem Kontinent leben.

Last but not least: die in Deutschland absolute Unumstößlichkeit des Semitismus. In auch nur irgendeiner minimal ansatzweisen Art die Semiten zu kritisieren bricht mit dem Tabu des Antisemitismus, gilt als asozial und wird gesellschaftlich ausgesetzt. Ich muss die

Beispiele dafür nicht nennen. Zu Semiten gehören dem
Wortstamm nach alle diejenigen im Nahen Osten, die
nicht Arier = Iraner sind. Damit waren unter anderen
die Araber und die Juden in den Gebieten des heutigen
Libanon, Syrien, Jordanien und Israel gemeint. Mit Semiten sind historisch betrachtet also nicht nur die Juden gemeint. Mit dem Schlagwort Antisemitismus wurde die Bedeutung des Wortes Semit auf das Volk und die
Glaubensgemeinschaft der Juden konzentriert. Nun
mussten die Juden gerade in unserem Lande unendlich
viel Leid ertragen. Ganz klar. Nur, es werden alle Beteiligten im Laufe der Zeit nicht darum herumkommen,
auch Fragen und Probleme, die der Semitismus aufgeworfen hat und aufwirft zu besprechen, zu behandeln
und auch zu hinterfragen.

Deutschland lud im Verlauf des 2. Weltkrieges Schuld in
Gänze und ohne Einschränkung auf sich. Damit einhergehend wird den Juden in jeder Hinsicht Schuldlosigkeit
nach mittlerweile ca. 1000 Jahren Mitleben auf deut-
schem Boden attestiert. Wie brutal die deutsche Schuld
am Holocaust auch immer richtig bewertet sein mag, und
wie schuldlos die Juden in Europa auch immer in den Holocaust hineingedrängt worden sein mögen: Die totale
Schuld der Deutschen und die totale Unschuld der Juden
über den gesamten geschichtsrelevanten Zeitstrang werden sich im deutschen politischen Diskurs nicht bis in
alle Ewigkeit hin aufrechterhalten lassen. Wenn offene
Fragen in diesem Kontext aufgeworfen werden müssen,
dann werden Nationalliberale, bei aller gebotenen Rücksicht auf alle Beteiligten, sich nicht zurücknehmen und
diese Fragen behandeln.

Zuerst die Besorgnis über einen übertriebenen Multilateralismus und dann folgend der Zweifel an einem ausufernden Humanismus führten zu der Bewegung, die sich jetzt zum Ende der 10er Jahre als politische Kraft namens AfD etabliert hat. Diese Bewegung ist natürlich neben vielen anderen ideologischen Faktoren, so aber dennoch in den Hauptlinien durch die lange tradierte Linie des Nationalliberalismus unterstützt. Die Faktoren national und liberal durchziehen einzeln oder gemeinsam alle Argumentationsstränge dieser Partei. Wenn man diese beiden Achsen als Maßstab nimmt, dann bekommt man ein Ordnungsraster für alle wesentlichen Meinungsströmungen innerhalb der AfD. Wenn dieses Muster in die Argumentationslinien Einzug hielte, dann führte dieses zur Selbstvergewisserung aller Beteiligten. Es würde auch eine Tabubrechung in der Debattenführung für diese beiden Begriffe geben, die fördernd wirken würde, weil verdeutlichend. Zudem ist die Selbstbefreiung dieser Begriffsachse gerade im deutschsprachigen Raum lange überfällig.

Was überfällig ist, das muss dann auch gemacht werden – egal wie viel Mut es erfordert, den damit ausgelösten politischen Gegenwind auszuhalten. So wird eben auch die Einordnung des Humanismus in den Nationalliberalismus und damit die Beschränkung des bisher unbeschränkt als gültig postulierten Humanismus Gegenwind auslösen. Diesen Gegenwind konnten alle im Kern nationalliberalen Bewegungen in den 10er Jahren spüren – und dieser Gegenwind wird noch wesentlich rauer werden, wenn die ideologische Präzisierung die Notwendigkeit der Beschränkung des Humanismus in der Allgemeinheit vorantreibt. Es wird deutlich gemacht werden müssen, dass der Mensch nicht dasjenige Wesen auf dem Planeten Erde ist, dem sich alles andere unterzuordnen hat. Auch der Humanismus hat seine Grenzen.

Selbstvergewisserung und Selbstbefreiung des Nationalliberalismus bleiben müßige Beschäftigungen, wenn dieser nicht auf bisher nicht gehandelte Lösungen zeigen würde. Und es bliebe bei müßiger Beschäftigung, wenn diese Lösungen die Gesellschaft nur an der einen oder anderen Stelle weiterbringen könnte. Nein, die Lösungskapazität, die dem Nationalliberalismus innewohnt, umgreift auch gerade das weltweite politische Kernproblem der Überbevölkerung, und in dessen Folge auch alle anderen politischen Fragestellungen. An dieser Stelle darf kurz die geschichtliche Einbettung des Nationalliberalismus notiert werden.

Es gab im deutschen Kaiserreich die staatstragende Nationalliberale Partei (NLP). Diese Partei erreichte in den Jahren von 1871 bis 1887 durchschnittlich knapp 24 % Stimmanteil für den deutschen Reichstag. Sie war damals zusammen mit den Konservativen und dem Zentrum staatstragende Partei. Ihre Wurzeln generierte die NLP aus dem Vormärz, der bis hin zur Revolution von 1848 und der daraufhin folgenden konstitutionellen Monarchie führte. Die bekanntesten Vertreter der Partei hießen Eduard Lasker und Ludwig Bamberger. Die Partei verlor im Laufe des Kaiserreiches zunehmend Wählerstimmen nach links und nach rechts und konnte nach 1912 mit nur 13,6 % Stimmanteil wenig Einfluss auf die Verhinderung des 1. Weltkrieg nehmen. Die NLP stützte nicht immer, aber im Wesentlichen die Politik von Bismarck und versuchte die konstitutionelle Monarchie in Richtung eines liberalen Rechtsstaates zu verschieben – mit mäßigem Erfolg. Außenpolitisch wurde die Kolonialpolitik unterstützt, was damals dem Zeitgeist entsprach. Verschiedene Politorientierungen wurden in der NLP heftig und offen diskutiert, was immer wieder zu Zerwürfnissen und Spaltungen führte. Die Mitglieder der NLP wechselten spätestens nach Ende des 1. Weltkrieges mehrheitlich in die Parteien DDP, DVP und DNVP. Die NLP wurde im November 1918 aufgelöst.

Die naheliegende Schlussfolgerung, dass die politischen Ideen der NLP falsch gewesen wären, ist nicht zwangsläufig richtig – im Gegenteil: Wäre der Einfluss der NLP größer gewesen und wäre das NLP-Ziel erreicht worden, die Entscheidungsgewalt des Kaisers gegenüber der parlamentarisch legitimierten Regierung einzuschränken, dann wären die Konfrontationen in der Entwicklung bis hin zum 1. Weltkrieg mutmaßlich nicht so eingetreten, wie sie geschehen sind.

NATIONALLIBERALE STAATSFÜHRUNG

Die Umkehr der Überbevölkerung kann nur durch Nationen erreicht werden. Und zwar von entwickelten Nationen, zivilisierten Nationen, kultivierten Nationen, bevölkerungs-reichen Nationen, generationsübergreifenden Nationen und machtvollen Nationen. Natürlich ist nicht Nation = Nation. Was als Nation gelten kann und was nicht durchzieht dieses Buch sinnlich von der Ersten bis zur letzten Zeile. Nationen, die kraft dieser Attribute dem Irrsinn der weltweiten Überbevölkerung Herr werden können sind: USA, Kanada, UK, Schweden, Russland, Türkei, Italien, Frankreich, Niederlande, Dänemark, Deutschland, Österreich, Schweiz, China, Brasilien oder Australien. Nationen erfüllen zuvörderst die zivilisatorischen Qualifikationen, um direkt in die Beherrschung der Überbevölkerung einzugreifen. Die Grenzziehung hier verläuft logischerweise fließend und ist für dieses Buch an dieser Stelle auch nicht von vorrangiger Bedeutung. Es soll hier fokussiert werden auf die Kräfte, die in kurzer Frist in der Lage sind, dieses Hauptproblem der Menschheit anzugehen.

Weil 2019 fast tagtäglich die wildesten Überlegungen zum Thema Treibhauseffekt durch die Äther geschickt wurden, sei hier erwähnt, dass dafür die allererste Ursache und vor allen sonstigen Ursachen die weltweite Überbevölkerung ist. Übrigens sei hier dazu noch festgehalten, dass das gesamte Thema Immigration, das hier im Weiteren noch ausführlich behandelt wird, auch zuvörderst durch die weltweite Überbevölkerung bewirkt wird. Und das sind nur zwei der drängenden politischen Probleme, deren Ursachen zu aller erst in der Überbevölkerung begründet liegen. Zu vielen weiteren davon kommen wir noch. Mit anderen Worten: Wenn wir die Überbevölkerung nicht in den Griff bekommen, dann können wir uns alle anderen denkbaren politischen Maßnahmen schenken.

Nun wird gerade in Europa gebetsmühlenartig wiederholt, dass wir die weltweiten Probleme nur mit und nicht ohne die EU bewältigen könnten. Und hier liegt natürlich ein Kernproblem. Die EU ist selbst ein maßgeblicher Verursacher der weltweiten Überbevölkerung und zwar wegen einer massiv übertriebenen Subventionierung der Landwirtschaft, wegen einer seit Jahrzehnten verfehlten Entwicklungspolitik, wegen einer völlig fehlenden Außenpolitik, wegen Ihrer insgesamt einschränkenden Wirkung in die außereuropäischen Aktionsradien Ihrer Mitglieder und – vor allem – weil es eben keine Nation ist. Die EU hat insgesamt bei der Bewältigung des Themas Überbevölkerung komplett versagt. Produktionsüberschüsse in ohnehin arme und dysfunktionale Länder in Afrika zu exportieren, um damit verheerende wirtschaftliche Ungleichgewichte zu provozieren, seien an dieser Stelle als ein Beispiel unter vielen anderen genannt, die das genaue Gegenteil von dem bewirken, was für die Eindämmung der Überbevölkerung stattdessen getan werden müsste.

Die EU ist keine Nation. Die EU hat nicht ansatzweise die Entschlusskraft einer Nation, die mit einer Verfassung und mit einem daraus entstehendem Machtorgan handelt. Die EU hätte, gerade nach den epochalen Ereignissen 1989 alle Chancen gehabt, sich zu einer Nation zu entwickeln. Sie entschloss sich in den 90'ern entgegen vieler intelligenter politischer Stimmen gegen eine Vertiefung = Mündung in eine Nation und stattdessen für eine Erweiterung = Entfernung von der Bildung einer Nation. Auch deshalb ist der letzte Versuch Europa eine Verfassung zu geben, und damit zu einer Nation zusammen zu schmieden, misslungen.

Der Versuch der federführend von Fischer und D'Estaing Anfang der 00ler Jahre unternommen worden ist, hätte wesentlich bessere Chancen gehabt, wenn dieser Versuch schon in den 90ern – und zwar vor allen Erweiterungen unternommen worden wäre. Aber – nun gut – wie dem auch sei, der Versuch ist gescheitert an Volksabstimmungen und das nicht in Deutschland, Österreich oder der Schweiz. Nein, woanders. Und deshalb dürfen sich im weiteren Verlauf der Geschichte gerade die beiden Länder Frankreich und Niederlande nicht beschweren, wenn die Nationenbildung in Europa in andere Richtungen verläuft. Die immer wieder herauf beschworenen Kriegsgefahren, die entstehen könnten, wenn sich die EU auseinander entwickeln sollte sind in den letzten Jahrzehnten mehr als überwunden worden. Kriegsgefahren lauern an gänzlich anderen Stellen als auf dem Terrain der jetzigen EU. Außerdem ist für dieses deutsch/französisch/englische Spannungsfeld die NATO zuständig und nicht die EU. Die NATO weiß sich als Nationenverbund besser zu beschränken, als die EU – zu unser aller Glück.

Zurück zur Bekämpfung der weltweiten Überbevölkerung. Die EU bewirkt hier das Gegenteil. Und weil dieses die Hauptaufgabe unserer Zeit ist, wird sich die EU hauptsächlich an Ihrer Unfähigkeit dieses außenpolitische Problem sachgerecht anzugehen, zusehends selbst auflösen. Es sei denn die EU findet ähnlich wie die NATO wieder zu der Selbstbeschränkung zurück, die Ihr guttut – nämlich die eines gemeinsamen Wirtschaftsraumes.

Wenn die EU die weitere Nationenbildung in Europa verpasst hat, so ist diese damit überhaupt nicht vom Tisch. In nächster Zeit wird die EU versuchen, die weitere Nationenbildung zu verhindern. Jedoch sehen wir allein schon am Brexit, dass sich die Bevölkerungen nicht sehr lange durch EU Vorschriften aufhalten lassen, die der EU-Rat, die EU-Kommission oder das EU-Gericht Ihnen aufzwängen. Wenn nicht in Richtung EU, in welche Richtung wird die Nationenbildung dann stattfinden?

UK wird sich auf die Qualitäten seines Commonwealth rückbesinnen, unterstützt durch die Distanzen eliminierenden Informationstechniken. Schottland könnte sich neu zuordnen. Aber das ist völlig offen. Die Niederlande hat gerade 2019 eine Art Revitalisierung der Hanse zusammen mit Nord- und Ostseestaaten angestoßen – bis hin nach Tallinn. Warum nicht? Die Holländer haben Jahrhunderte lange Erfahrung mit Staatenbündnissen und dürften aus der Geschichte genug gelernt haben, um weitere verpasste Nationenbildungen zu tolerieren. Inwieweit es denkbar ist Niederlande, Dänemark, Norwegen, Schweden, Finnland, Estland, Lettland und Litauen unter einer Flagge zu sehen, das bedarf doch schon sehr viel Fantasie. Aber in Skandinavien selbst könnten die Wege schon wesentlich kürzere sein. Ähnlich im Baltikum. Wischegrad ist auch inzwischen ein gängiger Begriff. Nationenbildung ist nach der Warschauer Pakt Vergangenheit schwierig. Es wird lange dauern bis das überwunden werden wird. Beispielgebend dafür ist die Tschechoslowakei, die tatsächlich nach einigen Jahren das Gegenteil unternommen hat – Nationspaltung.

Jugoslawien ist in diesem Zusammenhang ein ganz dürftiges Trauerspiel. Aus einer mitentscheidenden Nation in Europa ist nur noch ein Spielball übriggeblieben. Der Kosovo belegt das traurigerweise immer noch fortlaufend. Gerade hier auf dem Amselfeld hätte sich Europa seiner einigenden Stärke vergewissern können. Stattdessen hat die europäische Außenpolitik dieses Zepter völlig an die USA weg verschenkt und konnte nur froh sein, dass Russland sich das ganze aus geschwächter Position mit ansehen musste, ohne eingreifen zu können. Hier ist der Schlussakkord noch nicht gespielt. Jedoch insgesamt wird der Balkan – und darin kann man auch Griechenland einschließen – in der weiteren Nationenbildung keine Rolle spielen. Was zwangsläufig dazu führt, dass Makedonien, Montenegro, Kroatien und Slowenien am EU Konstrukt festhalten werden – genauso wie sich dieses die Katalanen erträumen. Jedoch werden sich die übrigen europäischen Völker nicht davon aufhalten lassen. Italien, Spanien und Frankreich dürften sich selbst genug sein, wobei die italienische Nationweiterbildung noch die offenste sein dürfte. Spanien hat genug mit seinen Separatisten zu tun.

Frankreich als älteste republikanische Nation in Europa
wird so bleiben wie es ist. Auch aus tiefem nationalem
Gespür dürfte das französische Volk die EU-Verfassung
von 2005 abgelehnt zu haben.

Es gibt noch Belgien. Belgien ist eine nationale Unkons-
truktion, die aus einer Revolte gegen Holland entstand
und von London protegiert wurde. Wenn die flämische
Bewegung sich durchsetzen sollte, dann dürfte dieser
Landesteil sich Richtung Niederlande bewegen und der
der Wallonie Richtung Frankreich. Jedoch, bei der Wallonie ist alles möglich, genau wie in Luxemburg. Wo die
beiden sich hinbewegen ist in Bezug auf das Thema Beherrschung der Überbevölkerung unbedeutend.

Viel wichtiger ist es da schon, was in Deutschland passiert. Deutschland könnte sich – gerade nach der Vereinigung – selbst genug sein, wird jedoch trotzdem seine
Fühler ausstrecken. Zuallererst nach Österreich. Österreich war über Jahrhunderte integraler Bestandteil und
oft führender Bestandteil des „heiligen römischen Rei-
ches Deutscher Nation". Österreich bleibt aber auch bis
auf weiteres die einzige Option, die noch dazu seit Mitte des 19. Jahrhunderts schwer geschichtlich belastet
ist. Zu belastet sind in jedem Falle die geschichtlichen
Verhältnisse zu allen anderen Nachbarn, was dazu führen wird, dass Deutschland entgegen seines Willens –
auch sich selbst genügen muss. Was aber kein Problem
ist. Deutschland ist in jedem Falle auch so, wie es aktuell aufgestellt ist, stark genug, um im Konzert der ent-
schlusskräftigen Nationen weltweit die Bewältigung des
Themas Überbevölkerung mit anzugehen.

Familie

Die Familie ist die Keimzelle der Gesellschaft. Familie ist eng mit dem Begriff Nation verknüpft, denn in der Familie wird das organisiert, was am anderen Ende auch in einer Nation die allererste Bindung ausmacht, die Geburt. Die Familie ist der zentrale Schutzraum für eine gute und lange Entwicklung des Nachwuchses, der ja durchschnittlich über 2 Dekaden geht. Für die nationalliberale Staatsführung wird der Schutz und die Förderung der Familie einer der zentralen Ankerpunkte sein, die unverbrüchlich sind. Bis vor zwei Jahren hat die CDU auch diese Grundaufgabe bewahrt, jedoch – genau wie bei einer ganzen Reihe von anderen Grundprinzipien, hat sie diese Grundaufgabe mit der Aufgabe der Familie gegen alle Arten geschlechtlicher Beziehungen im Jahre 2017 quittiert.

Im Grunde ist die politische Aufgabe der traditionellen Familie an die modischen Förderungen gleichgeschlechtlicher Beziehungen in vielen Milieus unserer Gesellschaft, der letzte Akt des Sublimierens der CDU in den Sozialliberalismus. Die Familienpolitik war im Grunde das letzte Feld elementarer Unterscheidung zwischen CDU und SPD, das die CDU aufgegeben hat – nachdem ca. 6 Jahre vorher schon die FDP dieses aufgegeben hat. Die Aufgabe der CDU in den beispielhaften Feldern Niedrigsteuerpolitik, Medienwahlfreiheit, Deregulierungen des gewerblichen und gesellschaftlichen Alltags, Gesundheitsmarktfreiheiten und Rentenkassenautonomie wurde mit der Abschaffung des Sonderstatus der Familie und deren Gleichmachung mit vielen anderen Lebensgemeinschaftsformen abgerundet. Homosexuelle Lebensgemeinschaften ermöglichen aus sich heraus keine Geburten. Sie werden immer auf die Geburten aus Ehen im herkömmlichen Sinne angewiesen sein. Im Grunde ist die letztliche Missachtung der Stellung der Familie der eigentliche Quell der CDU hin zu einer Partei, die auch glaubt in zig verschiedenen Sozialmaßnahmen staatlicherseits, die Beglückung der Individuen erreichen zu können. Dabei missachtet sie automatisch ihre vergangene Einsicht, dass der mit Abstand beste Sozialschutz für Individuen durch die Familie geliefert wird. Jeglicher gesellschaftlicher Sozialschutz kann sicherlich wirken, jedoch qualitativ nachrangig zur Familie.

Mit diesem Beschluss den Sonderstatus der Familie auszuhebeln, hat sich die CDU insgesamt, und das nicht nur wegen der Führung durch Frau Merkel, zu einer durch und durch sozialdemokratischen Partei entwickelt. Dieses ist auch eine der wesentlichen Quellen für das Wiedererstarken einer Kernliberalität in Deutschland, die es sicher nicht gegeben hätte, wenn sich die CDU weiterhin Ihrer christlichen Wurzeln bewusst gewesen wäre. Die Hinwendung der CDU zu einer egalitären Familienpolitik, lässt das C in Ihrem Parteinamen zu einer leeren Hülle degenerieren. Diejenigen in der CDU, die das C noch ernst nehmen und sich zu der elementarsten gesellschaftlichen Grundfrage, nämlich, wie halte ich es mit der Förderung der Familie, eindeutig positionieren, sind in der CDU in der Minderheit und haben keinerlei Anspruch auf Führungseinfluss mehr. Am deutlichsten zeigen sich diese familienpolitischen Entwicklungen bei der Wählerwanderung hin zu der AfD. Die gewinnt die meisten neuen Wähler bei den Leistungsträgern zwischen 30 und 50 Jahren. Diese erleben unmittelbar, welche staatlichen Maßnahmen den Familien nützen oder schaden.

Das Phänomen der Neutralisierung der Familien wird auf Dauer die stärkste Quelle für das Wiedererstarken einer progressiv konservativen Bewegung sein, so wie diese sich in Ungarn mit Fides, in Italien mit Lega, in Frankreich mit Rassemble oder eben in Deutschland mit AfD manifestiert.

Nationalliberalismus im besten Sinne wird den Kulturgewinn der Familie nicht der allgemeinen Wollust der Homosexualität opfern. Der Nationalliberale wird es immer jedem so gönnen zu leben, zu arbeiten und zu feiern wie er es möchte. Das gilt auch für Homosexuelle. Der Nationalliberale wird jedoch nicht akzeptieren, dass alle möglichen Arten von Wollust rechtlich, steuerlich oder auf anderen Wegen genauso staatlich gefördert werden, so wie es bisher der herkömmlichen Familie zugestanden worden ist. Der Nationalliberalismus steht einer solchen Gleichmacherei entgegen.

Das wird insgesamt noch eine ganz heiße Diskussion. Die politische Diskussion an dieser Meinungsfront entwickelt sich erst langsam. Abgeordnete aus dem rot-rot-grünen Spektrum forcieren die homosexuelle Gleichstellung in diesem Jahrzehnt Tag für Tag auf allen verfügbaren Kanälen.

Die Heteros sind bei dieser Debatte völlig desorganisiert oder besser gar nicht organisiert, weil es aus urnatürlichen

Gründen zu diesem Thema über Jahrtausende nichts zu debattieren gab. Die katholische Kirche als aktuell die einzig ernstzunehmende Lobby für Heterosexualität, ist aktuell sehr mit sich selbst beschäftigt. Alle heterosexuell Orientierten werden sich noch warm anziehen müssen. Die Themen aus diesem epochalen Bruch werden sich zwar langsam, aber sicher ergeben. Der aktuelle Standard, als homophob bezeichnet zu werden, wenn man Zweifel darüber äußert, ob es angemessen ist die Homosexualität grundgesetzlich mit der Heterosexualität gleichzusetzen, wird mit der Zeit verschwinden. Es wird eine Zeit dauern. Die Heterosexuellen werden eine Haltung entwickeln, um sich gegen die aktuell vorherrschende Bestrebung, jegliche Sexualität staatlich gleichzusetzen, zu behaupten.

Die Abschaffung der Ehe, entschieden von CDU bis Linke, ist der letzte Nachweis, dass aktuell im Zweifel von allen Parteien jenseits der AfD, dem Sozialismus Vorrang eingeräumt wird. Alle sind gleich. Alle werden gleich gefördert. Je kleiner die Gruppe, desto mehr Förderung gibt es – unter dem Strich, weil die jeweilige kleine Gruppe die eingeräumte Förderung gezielter nachfragt. Die Wahl der Ehe verliert Ihre Jahrtausende alte Bedeutung. Jede noch so außergewöhnliche Konstellation können die verschiedenen neuen Eheformen für sich beanspruchen und dabei alle erdenklichen Kommunal-, Landes-, Bundes- und EU-Förderungen bekommen. Zwangsläufig werden sich alle Erwachsenen, die zeitlebens Verantwortung für leiblichen Nachwuchs erfüllen, neu organisieren müssen. Sie werden auf Dauer nicht darum herumkommen, sich dem Zugriff der Lebensgemeinschaften auf das Staats-

kapital zu erwehren, die in den abgelaufenen 10er Jahren neuen staatlich sanktionierten Ehestatus erlangt
haben. Der Zugriff auf das Staatskapital passiert zuerst
im Rentensystem und wird danach in weiteren Sozial-
systemen um sich greifen.

NATIONALLIBERALE AUSSENPOLITIK

Die Nation wird kulturell von innen heraus gestärkt, in dem allen Ihren Gliedern die Ihm gebührende Verantwortung zugewiesen wird. So entsteht diese bestmöglich aus sich selbst heraus. Eine elementare Kompasswirkung entsteht in der Außenwirkung der Nation, dem Zwischenstaatlichem, dem Internationalem.

Jede Gemeinschaft so auch jede Nation steht nicht allein. Jede Nation muss sich selbst definieren und dann gegenüber allen anderen Nationen auftreten. Dieses gilt auch den Gemeinschaften gegenüber, die sich des Nationalcharakters erwehren, oder die noch keine nationale Bindungswirkung erreicht haben. Der internationale Auftritt hat neben der Außenwirkung auch immer eine Innenwirkung, egal um welche politische Aktion es sich dabei handelt. Jeder Multilateralismus ist immer eine Beschneidung innenpolitischer liberaler Aktionsmöglichkeiten. Dieses muss bei allen multilateralen Entscheidungen immer mit bedacht werden. Der von der aktuellen Regierung betriebene bedingungslose Multilateralismus führt alleine schon wegen dieses Kalküls nicht immer zu den richtigen staatspolitischen Entscheidungen. Das Tabu, den deutschen Multilateralismus der Nachkriegszeit nicht anzutasten, sollte alleine schon aus diesem einfachen nationalliberalen Kalkül gebrochen worden.

Überbevölkerung

Die wichtigste außenpolitische Aufgabe Deutschlands mit der höchsten Priorität auf der außenpolitischen Arbeitsliste ist die Eindämmung der Überbevölkerung. Die Überbevölkerung ist mit Abstand der Hauptgrund für die Übel Hunger, Umweltgefährdung, Massenmigration, Ressourcenknappheit, Seuchen und Krieg.

Damit sind zwangsläufig die Hauptgründe für die politischen Probleme, die weltweit akut sind und die alle betreffen aufgezählt. Das Thema Überbevölkerung muss dem zufolge noch akuter angegangen werden, als alle anderen Probleme, die in der Tagespolitik vermeintlich als akut hingestellt werden. Diese folgen dem Thema Beschränkung der weltweiten Überbevölkerung jedoch mit Abstand – mit großem Abstand. Und die Menschen in Deutschland spüren das, dass das das Hauptproblem ist, das unter der Decke gehalten wird. Alle, bis heute hier herrschenden Parteien haben keinerlei griffige Konzepte entwickelt, diesem politischen Kernproblem zu begegnen.

Dass dabei der Humanismus als unumstößlich gestellt wird und aus sich heraus zu einem immanenten Lösungshemmnis wird, ist weiter oben schon in dieses Buch eingeführt worden. Alle politisch Interessierten, die auch nur ansatzweise das Konzept des Humanismus in Frage stellen, als Schlechtmenschen zu bezeichnen, hilft bei der Lösungsentwicklung in dieser Sache nicht weiter. Dieses sei hier vorangestellt, denn jeder

Nationalliberale wird im Weiteren erkennen müssen, dass Humanismus an sich eine sehr gute Sache ist, nur dummerweise nicht immer weiterhilft, wenn es gilt der Hauptursache der aktuellen politischen Problematik Herr zu werden – zum Wohle jedes Einzelnen und zum Wohle der Gemeinschaft.

Die Nationen weltweit lassen sich in zwei Kategorien einteilen. Alles was ich hier zuordne, kann natürlich interpretiert und verändert werden. Das ist aber an dieser Stelle unwichtig, weil es hier um das Prinzip des Herangehens an die Problematik geht. Wenn zum Beispiel eine politische Partei oder ein sonstiges Gremium von Einfluss festlegt, dass ein Land anders zugeordnet wird, so ist das völlig in Ordnung und bestätigt eher das nachfolgend aufgeführte Grundprinzip. Das Wort Überbevölkerung kürze ich der Einfachheit halber im Folgenden auf **Ü** ab.

Das Kriterium ist die Fertilitätsrate (Kinder pro Frau im statistischen Mittel). Aktuell dient in hochentwickelten Ländern schon die Fertilitätsrate von 2,1 zur Subsistenz. Das bedeutet, dass in vielen weniger entwickelten Ländern diese Rate schon zu einer Umkehr von Ü führen würde. Damit insgesamt die Umkehr von Ü erreicht wird und alle Länder ausnahmslos einen Beitrag dazu leisten wird hier eine Fertilitätsrate von 1,9 als Ordnungskriterium angesetzt. Diese Rate führt unabhängig von der medizinischen Leistungsfähigkeit in jedem Falle zu einem Rückgang von Ü.

Die Kategorien sind:

A) Nationen, die unterhalb einer Fertilitätsrate von 1,9 sind.

B) Nationen, die oberhalb einer Fertilitätsrate von 1,9 und unterhalb von 3,1 sind.

C) Nationen die oberhalb einer Fertilitätsrate von 3,1 sind.

Ausgewählte A-Nationen sind UK, Schweden, USA, Niederlande, Australien, Brasilien, Russland, Dänemark, Libanon, Armenien, China, Kanada, Thailand, Deutschland, Spanien, Österreich, Ungarn, Japan, Italien, Portugal, Polen und Rumänien. Zusammen mit vielen anderen einflussschwächeren Ländern liefert diese Länderauswahl mit einer Fertilitätsrate unter 1,9 schon jetzt Jahr für Jahr substanzielle Beiträge zur Umkehr von Ü. Damit leisten diese Länder automatisch den ersten und allerwichtigsten Grund für den Umweltschutz in jeder erdenklichen Hinsicht. Einer Auswahl dieser Länder wird es vorbehalten bleiben, die Verantwortungen zu übernehmen diese Fertilitätsrate auch in den Ländern umzusetzen, die diese Rate nicht erreichen.

Eine Auswahl an C-Nationen, die am weitesten von der Wunschfertilitätsrate entfernt sind und in denen somit der dringendste Handlungsbedarf festgestellt werden muss, ist: Niger, Mali, Somalia, Uganda, Sambia, Angola, Afghanistan, Südsudan, Mosambik, Nigeria, Äthiopien, Tansania, Kamerun, Kongo, Senegal, Madagaskar, Eritrea, Irak und Ghana. Alle Länder in dieser Auswahl verzeichnen Fertilitätsraten von über 4,0.

An dieser Stelle kommt die nationalliberale Außenpolitik ins Spiel. Diese erkennt zuvörderst an, dass jeder Nation die liberalen Rechte zukommen, so wie diese über Jahre in den UN-Richtlinien festgelegt wurden. Die Grenze dieser Liberalität setzt die Nationalität, die die Interessen der Liberalität beschränkt. Wenn nun die A-Nationen erkennen müssen, dass die erste und wichtigste Ursache für die nationalen Umweltprobleme Ü ist, dann ist diese Nation gezwungen Maßnahmen aus nationalem Interesse heraus zu ergreifen. Der Katalog an Maßnahmen, kann mit gleichmäßiger CO2-Besteuerung, Einsatz von Kerntechnologie, Verbot von CO2 emittierenden Aggregaten, Anpflanzung CO2 absorbierender Vegetation bis hin zu echten Freihandelszonen mit bestimmten C-Nationen gehen. Diesen Katalog kann man weiter auffächern. Jedoch wenn in Bezug auf die Klimasituation festgestellt werden muss, dass alle diese Maßnahmen nur marginal zur Lösung beitragen, dann ist die Nation im nationalliberalen Interesse verpflichtet Einfluss zu nehmen auf C-Nationen. Wenn eine Nation nach über 70 Jahren verfehlter Entwicklungspolitik und dem Scheitern dafür verantwortlicher multilateraler Organisationen erkennen muss, dass sich das Hauptproblem Ü negativ anstatt positiv entwickelt, dann muss sie Ihren Einfluss geltend machen vor allem anderen an dieser Stelle entgegenzuwirken.

Dieser Einfluss kann logischerweise über die bisherigen Multilateralismen und NGOs weiter versucht werden, nur weiß man, dass diese Organisationen aufgrund Ihrer jahrzehntelangen humanistischen Eigendynamik heraus das Problem Ü eher verstärken als lindern. So wird es am

Ende den Nationen selbst vorbehalten bleiben, die Initiative für Ü zu übernehmen. Die USA hat unter der neuen nationalliberal orientierten Regierung unter D. Trump gegenüber seiner Südgrenze diese Initiative schon ergriffen. Von den weiteren ausgewählten A-Nationen ist Dänemark zu nennen, das durch strikte Grenzpolitik einen dämpfenden Einfluss auf C-Nationen genommen hat. China übernimmt durch konkrete Baumaßnahmen Einfluss in C-Nationen. Stichwort „Neue Seidenstraße". Spanien übernimmt mit rigorosem Grenzschutz Verantwortung gegen den Immigrationsdruck aus C-Nationen und dämpft im Ergebnis auf diese Weise Ü. Ungarn und Italien gehen sukzessive in diese gleiche Richtung. Japan wirkt mit einer rigorosen Anti-Immigrationspolitik schon lange dämpfend auf Ü.

Unter dem Strich haben die Maßnahmen zur Umkehrung von Ü bis in unsere heutige Zeit in weiten Weltteilen keine durchschlagende Wirkung. Die großen multilateralen Organisationen wie UN, WTO, G20, G7 oder EU konnten bis in die Jetztzeit keinerlei griffige Konzepte entwickeln, das Problem Ü zu beherrschen. Wenn dieses echte Menschheitsproblem nicht beherrscht wird, dann laufen auch sämtliche anderen politischen Maßnahmen zur Regelung der größten politischen Probleme ins Leere. Man darf per 2020 konstatieren, dass die größten Weltorganisationen nicht ansatzweise Lösungsstrategien haben, Ü wirksam umzukehren. Bei Ü muss neu gedacht werden. Bei Ü muss nationalliberal gedacht werden.

Nach der Erfahrung, dass Multilateralismen Ü schlechter machen, gilt es, dieses Politikmuster gedanklich weg zu lassen. Stattdessen ist zu überlegen, was die Nationen neu tun können. An dieser Stelle sei beispielhaft ein praktischer nationalliberaler außenpolitischer Weg aufgezeigt, der sich als Problemlösung qualifizieren könnte.

Schritt 1: Alle Nationen erkennen die Problematik von Ü.

Schritt 2: Alle Nationen vom Typ A setzen sich idealerweise zusammen mit den Nationen von Typ C, und entscheiden, welche Nationen vom Typ A Verantwortung für Nationen vom Typ C übernehmen.

Schritt 3: Wenn die Schritte 1 und 2 mangels Konsenses, was in dieser Dimension zu erwarten ist, nicht in Gänze möglich sind, so können doch Teile dieser Nationen mit dieser Neuordnung beginnen.

Dieses könnte zu neuer politischer Konstellation führen, die sich rein beispielhaft gemäß der Tabelle auf der nächsten Seite ergeben könnte. Die Tabelle, die sich ausschließlich aus der Verantwortung für Ü generiert macht plastisch deutlich, dass damit alle bisher versagenden Multilateralismen für diese Aufgabe im Hintergrund bleiben, und bestenfalls nachgeordnete Behelfsmittel sein könnten, um die Existenzbedrohung Ü zu bewältigen.

Typ A Nation ist verantwortlich für
Typ C Nation.

UK
Schweden
USA
Niederlande
Australien
Brasilien
Russland
Dänemark
Libanon
Armenien
China
Kanada
Thailand
Deutschland
Spanien
Österreich
Ungarn
Japan
Italien
Portugal
Polen
Rumänien
Taiwan
Südkorea
Singapur
Chile
Norwegen
VAE
Belgien
Finnland

Äthiopien,
Irak
Kenia
Jemen
Kamerun
Nigeria
Südsudan
Ghana
Eritrea
Burundi
Kongo
Senegal
Somalia
Afghanistan
Mosambik
Sambia
Tansania
Uganda
Niger
Madagaskar
Burkina Faso
Malawi
Togo
Palästina
Osttimor
Benin
Liberia
Ruanda
Mali
Mauretanien

Iran   Simbabwe
Serbien   Zentralafrika
Schweiz   Sierra Leone
Ukraine   Gabun
Griechenland   Sudan
Bulgarien   Angola

Weiterentwicklung der außenpolitischen Ordnung

Man sieht an dieser willkürlichen Zuordnung, dass die Ansetzung einer Verantwortung an alle Nationen zur Bewältigung des mit Abstand akutesten Problems unserer Epoche zu völlig neuen politischen Konstellationen führt, für die man sich frei machen muss. Um die Chance zu nutzen wirklich etwas anhaltend Entscheidendes für das Klima, für die Natur, für die Ressourcen, für die Wildtiere und für die Lebensbedingungen des Mitlebewesens Mensch zu bewirken braucht es neue Ansätze. Man muss feststellen, dass bei dieser gesamten angestauten Problematik auf allen Seiten ein epochales Neudenken erforderlich ist. Dieses erfordert nicht zwingend Radikalisierung. Aus den bisherigen Multilateralismen mit deren jeweiligen gänzlich anderen Zwecken dienenden Eigenleben muss man sich jedoch ein gutes Stück auskoppeln können. Es gibt immer Alternativen. Auch in der Außenpolitik ist das so.

Deutschland als A-Nation hat sehr lange zwischenstaatliche Beziehungen mit Afghanistan als C-Nation. Deutschland stimmt sich diplomatisch und auf Basis der heutigen Kommunikationsmittel in Echtzeit mit allen anderen A-Nationen ab, und ist bereit für Afghanistan die Ü-Verantwortung zu übernehmen. Deutschland ist bereit zuzusagen das Ü Problem gemeinsam mit Afghanistan innerhalb von drei Generationen zu lösen. Im Idealfall sollte Afghanistan zusammen mit Deutschland an der Ü-Lösung interessiert sein und kooperieren. Sollte Afghanistan dazu nicht bereit sein, dann ist dieses aus liberaler Sicht sein gutes Recht. Aus den nationalen Sichten aller A-Nationen muss das Ü Problem trotzdem beseitigt werden. Deshalb wird es einen Ü-Rat der A-Nationen geben, der mit einem qualifizierenden Mehrheitsprinzip entscheidet, welche der beteiligten A-Nationen im Ü-Rat die hoheitsrechtliche Verantwortung zu gesprochen bekommt, das Ü-Problem in Afghanistan in drei Generationen zu beseitigen. Dabei kann es in diesem praktischen Beispiel durchaus dazu kommen, dass wegen geschichtlicher Vorbehalte nicht Deutschland, sondern zum Beispiel Polen, Griechenland und Finnland vom Ü-Rat beauftragt werden, dass Ü Problem in Afghanistan mit Zwangsmitteln zu lösen.

Wie geschrieben, dieses ist eine beispielhafte Vorzeichnung. Eine nationalliberale Außenpolitik wird gerne multilaterale Institutionen zur Problemlösung einschalten. Wenn diese im Prozess jedoch absehbar keine Lösungen liefern können, dann wird eine nationalliberale Außenpolitik seinen Interessen folgen. Dabei wird sie diese Interessen nicht in jedem Fall Multilateralismen unterordnen, so ambitioniert diese auch sein mögen.

Europäische Union

Es geht nicht darum, ob wir die EU wollen. Es geht darum, wie wir die EU wollen. Dass es mit der EU nicht so weiter geht wie bisher, verneint fast niemand. Trotzdem werden EU-Skeptiker in die undemokratische Ecke gestellt, obwohl gerade sie es sind, die die EU eher in eine demokratischere Richtung lenken möchten. Wie undemokratisch die EU in unserer Zeit ist kann man an dem einfachsten Beispiel des Stimmengewichtes eines tschechischen Wahlberechtigten gegenüber dem Stimmengewicht eines deutschen Wahlberechtigten festmachen.

Jede abgegebene tschechische Stimme hatte bei der EU Wahl im Mai 2019 mehr als viermal so viel Gewicht, als die abgegebene deutsche. In puncto EU-Demokratieverständnis sagt das alles. Es ist überfällig das mächtige Europa, und darin auch seine EU – wie auch immer gestaltet – wieder in die Richtung zu lenken, die diesem weltpolitisch zusteht, nämlich in eine einflussreiche. Europa war über lange Zeit weltpolitisch der einflussreichste Kontinent überhaupt. Warum sich weiter bürokratische Fesseln anlegen. Warum sich von Japan, China, Russland, Indien, USA oder Brasilien den Schneid abkaufen lassen. Mit kräftigen Allianzen könnte Europa mit diesen Nationen in jedem Falle mithalten. Nicht aber mit der EU, so wie diese aktuell gebaut ist.

Die Chance aus der EU eine einige und schlagkräftige Nation zu machen wurde zuerst verpasst, als man nach der Wende 1989 nicht auf Vertiefung, sondern auf Erweiterung entschied und danach als eine gesamteuropäische Verfassung im Jahre 2005 nicht durch die verschiedenen Volksabstimmungen durchgebracht wurde (in Frankreich und Niederlande).

Seitdem würgt sich die EU von Krise zu Krise weiter, ohne jeglichen außenpolitischen Einfluss und mit der einzigen Rechtfertigung, dass die EU trotz der diversen Verirrungen eben für den Frieden in Europa sorge. Frieden ist wichtig. Frieden ist dauerhaft wünschenswert. Für die Schaffung des Friedens in Europa gibt es mannigfaltige Maßnahmen und Gründe. Diese liefert nicht nur die EU. Im Gegenteil, die EU kann sogar eine unrühmliche Rolle dabei spielen, wie die Entstehung der Krim- und der Donbass-Konflikte gezeigt haben.

Nein Frieden ganz allein kann nicht mehr dazu ausreichen den trägen Staatenbund EU weiter durch zu füttern und als politischen Ballast weiter fortzuschleppen. Staatenbünde, bei allen Ihren Traumvorstellungen, hatten in der langen Geschichte der Menschheit noch nie Erfolg. Das hat seine Gründe. Das wird bei der EU auch nicht anders sein. Nach der letzten verpassten Chance im Jahre 2005 einen Bundesstaat zu bilden, der es schon schwer genug gehabt hätte, der aber Chancen gehabt hätte, zerfällt die EU

- in eine EU mit unterschiedlichen Geschwindigkeiten,
- in eine EU, die bei existenzwichtigen Problemen zu keinen Entscheidungen gelangt,
- in eine EU, aus der sich einige Regionen verabschieden wollen und mit UK die erste Nation auf Wiedersehen gesagt hat.

- in eine EU der verschiedenen Blöcke und schließlich wieder
- in ein Europa der selbstständig und besser funktionierenden Einheiten.

Wenn Brüssel schlau ist, dann konzentriert es sich auf seine Wirtschaftskompetenz. Große Handelsräume bringen rein wirtschaftspolitisch für den betroffenen Gesamtraum aus logischen Gründen immer Vorteile. Das wird die EU nach allen menschlichen Erfahrungen jedoch nicht zustande bringen. Geschichtsrückblickend wird die EU an den Überfrachtungen außenpolitisch, sozialpolitisch, kulturpolitisch und justizpolitisch überall im EU-Raum mitwirken zu wollen, zu Grunde gehen. Wenn hier das Gegenteil bewiesen werden würde, dann wäre das wirklich ein Wunder. Wunder sind jedoch nicht das Spielfeld der Politik. Und wenn auch nur ansatzweise eine Chance für dieses Wunder auftauchen sollte, dann bräuchte es in den 6 maßgeblichen Nationen dafür politische Lichtgestalten. An dieser Stelle ist das Wort wirklich einmal angemessen. Europa hat sicherlich eine ganze Reihe von politischen Talenten aufzubieten. Jedoch von einer Reihe politischer Lichtgestalten zu sprechen, die eine Kraftentfaltung hin zu einer Europanation entwickeln könnten – auch nur ansatzweise – das ist dann doch sehr weit hergeholt. Was müssten diese Lichtgestalten zu aller erst erreichen? Das eigene Volk mehrheitlich in seine Richtung pro Europanation hinter sich zu bringen. Das hat schon Giscard d'Estaing nicht geschafft, und der war sicher politisch nicht unbegabt.

Die allererste Maßnahme, die Deutschland in der EU umsetzen müsste, wäre die vollständige Abschaffung aller Agrarsubventionen innerhalb der EU. Dieses hätte eine ganze Reihe gesunder Ökoeffekte aus sich heraus und würde im Endergebnis Ü wesentlich helfen. Denn die Unmengen an landwirtschaftlicher Überproduktion in Europa würden nicht mehr auf den verschiedensten Wegen C-Nationen fluten und damit Ü verschlimmern. Der nationalliberale Politiker wird schnell erkennen, dass aus verschiedenen Nationalegoismen heraus diese allerwichtigste Maßnahme innerhalb der EU nicht möglich sein wird. Die Konsequenz sind Ultimaten in diese Richtung, die wenn sie nichts bewirken, den Artikel 50 mit Austritt nach sich ziehen müssten. In diesem Falle kann die nationale Landwirtschaftspolitik sofort auf natürliche Marktbedingungen eingestellt werden und in dessen Folge auch die negativen Auswirkungen auf Ü der C-Nationen beendet werden.

In den letzten 20 Jahren wurden von der EU eine ganze Reihe an Regulierungen entwickelt, die in Bezug auf die Ü Reduzierung wirkungslos blieben. Zum Beispiel unterminieren EU-Landwirtschafts- und Lebensmittelexporte mit Dumpingpreisen die afrikanische Marktentwicklung. Zum weiteren Beispiel werden Zollsenkungen oder Zollbefreiungen an viele Bedingungen geknüpft, die es in der Praxis für afrikanische Staaten schwer bis unmöglich machen, erfolgreichen Außenhandel mit der EU zu betreiben. Eine dieser komplexen Bedingungen sind EU bestimmte Mindestfertigungstiefen, die in der Produktherstellung bei den jeweils einzelnen afrikanischen Handelspartnern vorausgesetzt werden.

Der Nationalliberalismus wird sich dafür einsetzen, neue Konzepte zu entwickeln, die diese wirkungslosen Regu-

lierungsversuche gegen eine bündige Außenpolitik zur
Bekämpfung von Ü auswechseln.

Zur Außenpolitik der EU an sich ist im Gegensatz zur USA,
UK, Frankreich oder Deutschland festzustellen, dass die
EU noch nicht einmal eine Verfassung hat. Wie will so
eine Organisation eine bündige einheitliche Außenpolitik
machen. Das kann sogar theoretisch nicht funktionieren.
Praktisch schon gar nicht. Dennoch vermitteln einem die
meisten Journalisten den Eindruck, als müsse die EU einheitliche Standpunkte zu außenpolitischen Themen wie
der Nahostpolitik entwickeln. Das ist nicht möglich. In
einem Staatenbund, in dem das Parlament undemokratisch zusammengesetzt wird, in dem dieses undemokratisch zusammengesetzte Parlament nachrangig gegenüber
der Exekutive ist, und in dem die Exekutive nicht direkt
gewählt wird, sondern stattdessen aus der Verhandlung
der beteiligten Regierungschefs heraus bestimmt wird. Ein
solcher Staatenbund ist außenpolitisch handlungsunfähig.

Gesinnungsethik versus
Verantwortungsethik

Ein interessantes Phänomen der deutschen politischen
Korrektheit ist die Einmischung in die Politik anderer
Länder. Beispielhaft dafür ist die Beurteilung der Wahl
D.J. Trumps zum US-amerikanischen Präsidenten. Der
Deutschlandfunk sprach wochenlang nach dieser Wahl

von Impeachment gegen D.J. Trump. Dass die Untersuchungen wegen Manipulationen auf Betreiben der Opposition, des FBI und der CIA gemacht worden sind, und dabei zum größten Teil auf Spekulationen gründeten, das spielte dabei kaum eine Rolle. Für die Deutschlandfunkmoderatorin Sandra Schulze und für viele andere Journalisten war die Unlauterkeit des neuen Präsidenten ein politisches Fixum, dem alles andere untergeordnet wurde. Dass das eine gewagte These gewesen ist, die vom Deutschlandfunk wochenlang früh am Morgen in die deutsche Radiolandschaft gesetzt worden ist, das bestätigte sich während der Präsidentschaft zusehends und endete vorläufig mit dem abschließenden, wenn auch nicht voll dokumentierten Muller Bericht, der Trump in Bezug auf Wahlmanipulationen entschuldigt.

Auch die Haltung, die durch Journalisten, wie der SWR Journalistin Biesinger, zum Ausdruck gebracht wird, ist ein Beispiel für gesinnungsethische Anmaßung. Woher nimmt sie sich in einem Kommentar das Recht, a) zu wissen, was für die Welt gut ist, b) dieses vermeintliche Wissen anderen Ländern zumuten zu wollen, c) dieses vor allem größeren Ländern zuzumuten und d) insbesondere den USA zuzumuten, deren Demokratiegeschichte schon 150 Jahre länger währt als die deutsche. Oder anders: Glauben wir wirklich, dass eine deutsche linksliberal entwickelte Gesinnung endlich die richtige ist, an der die Welt genesen soll?

Die vorverurteilende Berichterstattung des öffentlich-rechtlichen Rundfunks gegenüber einem – zumindest bis dahin – befreundeten Staates, entspricht keiner nationalliberalen Haltung. Den politischen Prozess und schon gar die politischen Ergebnisse in anderen Staaten, ob befreundete oder nicht, sind zu aller erst zu respektieren. Dann kann man analysieren, Meinungen bilden, Urteile fällen – alles gut. Jedoch von vornherein Manipulationen mit all deren Folgen wie z. B. Amtsenthebung zu unterstellen, das ist anmaßend. Auch dann, wenn so ziemlich 90 % der veröffentlichten Meinung diese Anmaßung als politisch korrekt ansetzt.

Als anmaßend kann man auch eine Stellungnahme von Jörges, Stern im Presseclub bezeichnen: Er ließ dort vor einiger Zeit verlauten, dass UK im Chaos versinken würde, wenn es aus der EU austräte. Dem muss man aus nationalliberaler Sicht widersprechen. Es gibt wirtschaftspolitisch immer Alternativen für jede Nation und für das UK erst recht.

Gesinnungsethisch ist im syrischen Bürgerkrieg zeitig die Luftwaffenvergeltung des Assad Regimes völlig zurecht von politisch Verantwortlichen verabscheut worden – insbesondere, weil bei diesen Vergeltungsmaßnahmen mit unterschiedlichen militärischen Mitteln auch Kinder grausam zum Opfer fielen. Assad schießt inzwischen seit über 7 Jahren mit seiner eigenen Luftwaffe auf sein eigenes, revoltierendes Volk. Diese völlig korrekte Einstellung gegen Assad findet auch noch nach Jahren immer wieder sofort bebilderten Eingang in die Titelseiten der nationalen Presse. Diese vermeintlich unauflösbare Situation zeigt jedoch um so mehr, wie wir uns in Deutschland in einer gesinnungsethischen Verantwortungslosigkeit verloren haben. Wir sind zu feige geworden. Wir sind Könner darin geworden, die Decke des Schweigens über weltpolitische Situationen zu legen, die noch vor weniger als 25 Jahren von der zivilisierten Weltgemeinschaft nicht geduldet worden wären. Wenn ein Staatsführer mit militärischen Mitteln Kinder in seinem eigenen Volk abschlachtet, dann muss dieses beendet werden. Dieser Schlussfolgerung werden alle zivilisierten Staaten zustimmen – unabhängig von deren Demokratisierungsgrad.

Weshalb ändert sich aus deutscher Sicht betrachtet an diesem Nicht Tolerablen schon so lange nichts? Es liegt an Entschuldigungen. An den Amerikanern kommen wir nicht vorbei. Die Russen sind schuld. Mit Russland können wir uns nicht anlegen. Die EU hat keine gemeinsame Außenpolitik. In Syrien gibt es Stellvertreterkriege. Mit dem Iran kann man nicht kooperieren. Viele arabische Regime unterstützen die sunnitischen Freiheitskämpfer, die jedoch zu Teilen als Terroristen eingeordnet werden können. Deshalb ist eine Kooperation mit vielen arabischen Ländern in dieser Sache nicht moralisch einwandfrei. Israels Interessen in dieser Region, die sicherlich nicht in dem Machtverlust Assads liegen, müssen aus historischen Gründen berücksichtigt werden und legen Zurückhaltung in diesem Konflikt auf. Und so weiter und so weiter. Die treffende Gesinnungsethik bleibt in sich selbst verhaftet und findet nur Hindernisse, die gesinnungsethisch gewürdigt werden müssen. Sie fängt gar nicht erst an verantwortungsethische Prämissen zu durchleuchten geschweige dessen sich vorzunehmen. Am Ende verliert man sich in einer Gesinnungsethik, die sich in Ihr Gegenteil verkehrt, nämlich in Unsinnigkeit. Dem

Unsinn fallen während des syrischen Bürgerkrieges jahrelang unschuldige Kinder zum Opfer. Die Behandlung des syrischen Bürgerkrieges in der deutschen Politik ist ein besonders deutlicher Fall, zu welchen unmöglichen Situationen es führen kann, wenn man in der Gesinnungsethik und in der Gesinnungsdiskussion verhaftet bleibt.

Was hätte stattdessen im Syrienkonflikt spätestens seit 2013 durch deutsche Außenpolitik gemacht werden können. Sie hätte erstens deutlich machen können, dass der Zustand in Syrien – immerhin in direkter Nachbarschaft vom EU-Mitglied Zypern – nicht tolerabel ist, und dieses aus deutscher Sicht insbesondere vor dem Hintergrund der eigenen nationalen Erfahrung mit Diktatoren. Diese grundsätzliche Einordnung hätte vom amtierenden Bundeskanzler/-in erfolgen müssen, und zwar vor dem gesamten Hintergrund unzweideutig. Die nächste Prämisse hätte darin erfolgen müssen, ob es in der betreffenden Region oder überhaupt auf der Welt noch ein Regime gibt, das bereit ist, für den eigenen Machterhalt Kinder zu ermorden. Der Schluss wäre gewesen, dass dieses – zu aller mindestens in der syrisch flächendeckenden Dimension – nicht der Fall ist.

Wenn diese beiden Prämissen gesetzt werden, dann hat man das gesinnungsethische Terrain zu verlassen, und sich als deutsche Staatsführung ausschließlich damit zu befassen, welche Wege nötig sind, um das mörderische Treiben Assads zu beenden. Und natürlich gibt es Wege. Natürlich gibt es auch hier Alternativen. Natürlich muss man auch hier nicht in einem gut gemeinten Multilateralismus verhaftet bleiben, der in einer vermeintlich alternativlosen Handlungsunfähigkeit verharrt. Wie sieht diese Alternative seit spätestens 2013 aus?

Zuerst ist dieses kein NATO-Fall, weil Syrien kein Land der NATO angreift. Der deutsche Außenminister hätte zuerst in den Nachbarstaaten Türkei, Iran, Irak, Jordanien, Israel, Libanon und Zypern klären müssen, wie deren Haltungen sind und welche Maßnahmen diese zur Beseitigung des Übels in Syrien planen. Nach dieser Phase bewegt man sich heute schon im Bereich der Spekulation, weil die Bearbeitung der Prämissen und diese erste notwendige außenpolitische Handlung schon gar nicht stattgefunden hat. Der verantwortungsethische Pfad mit deutscher Hilfe das Assad Regime zu beenden, ist schon an dieser Stelle verlassen worden.

Also, man hätte man zum Schluss kommen können, dass Jordanien, Libanon, Zypern und die Türkei ein Interesse daran haben, das Assad Regime zu beenden. Der Iran hat in Verbindung mit der schiitischen Hisbollah und dem alevitisch zuzuordnenden Assad Regime eine Interessengemeinschaft. Der Irak ist nach der illegalen US-Intervention, die seit 2003 bis heute stattfindet, politisch handlungsunfähig. Israel hätte kein Interesse daran das alevitische Assad-Regime zu stürzen, weil die möglichen sunnitisch arabischen Nachfolger gefährlicher für das kleine Israel sein könnten. So könnte die erste Gemengelage ausgesehen haben. Diese hätte ernsthafte Handlungsoptionen ermöglicht, denn Iran hätte sich im Zweifel bei einer klaren militärischen Aktion herausgehalten – allein schon aus innerstaatlichem Stabilität-bestreben heraus. Israel wäre aus vielerlei Argumenten heraus neutral geblieben.

Nun ist die Achse Jordanien, Libanon, Zypern, Türkei sicherlich keine schlagkräftige militärische Allianz – jedoch wäre es eine erste wichtigste Koalitionsallianz, die geschmiedet werden muss, um diverse Nebeneffekte eines direkten Eingreifens in Syrien abzufedern. Am Schmieden dieser Allianz hätten natürlich zeitgleich alle engstens mit Deutschland militärisch verbundenen Nationen mit teilnehmen können – zuvörderst die Amerikaner, die ja vor Ort in Irak immer noch stationiert sind und bis dato Ihre militärischen Interessen an der Gesamtregion nicht leugnen.

Zeitgleich hätte die deutsche Außenpolitik alles unternehmen müssen, um diese Operation auch mit Russland und dessen Verbündeten, und auch mit Saudi-Arabien und dessen Verbündeten abzusprechen und gemeinsame Handlungsoptionen zu entwickeln. Die Kooperation mit diesen beiden Ländern ist natürlich delikat – und aus gesinnungsethischen Motiven heraus unter Umständen unmöglich, jedoch nicht aus verantwortungsethischen Motiven. Was Russland betrifft hätte man in der Syrienfrage den Ukraine Konflikt ausklammern müssen und die russisch militärischen Interessen in Syrien angemessen berücksichtigen müssen. Saudi-Arabien und auch Ägypten hätte man frühzeitig, gerade auch in puncto einer zukünftigen zu entwickelnden Staatsordnung in diesem überwiegend arabisch sunnitisch bevölkerten Land mit einbinden müssen. Der syrische Bürgerkrieg hätte deutsche Außenpolitik veranlassen müssen, die Differenzen zwischen Russland und Amerika – zumindest in der Handlungsstrategie gegenüber Syrien zu überbrücken. Dafür hätte sich sicherlich nicht nur Deutschland, sondern Finnland, Türkei, Griechenland, Italien,

Österreich, Frankreich und einige andere Länder mehr oder weniger kräftig einsetzen können. Idealerweise hätte man eine gemeinsam entwickelte Strategie, zu deren Zustandekommen sicherlich einige Monate gebraucht worden wäre, der UN vorschlagen können und bestenfalls dort eine mehrheitlich beschlossene passende Resolution verabschieden können. Und dann handeln. Mit einem so zustande gekommen Handlungsmandat hätte es keine Woche gedauert, und Assad wäre weg gewesen – vernünftigerweise im Gefängnis – und eine verfassungsgebende neue Versammlung hätte in der uralten syrischen Zivilisation einen neuen Staat gründen können.

Nur, es gab noch nicht mal den leisesten Ansatz, eine deutsche Verantwortungsethik in dieser Sache voranzubringen. Wir Deutsche sind deshalb die letzten – egal ob in Politik, Wirtschaft, Medien oder Kultur, die sich über die völlig verkeilte Situation in Syrien beschweren dürfen oder gar andere Nationen, die limitiert versuchen in Syrien Einfluss zu üben, an den Pranger zu stellen. Die deutsche Außenpolitik konnte beim Thema Syrien noch nicht einmal versagen, weil sie schlicht gar nichts gemacht hat. Das war und ist verantwortungslos. Dieses hat mit dazu beigetragen, dass sich aus dem syrischen Gebiet Millionen Flüchtlinge über die Türkei nach Europa auf den Weg gemacht haben. Die deutsche Regierung ist aus der einfachen Verantwortungslogik heraus an der syrischen Flüchtlingswelle mit Schuld. Da helfen auch die wohlklingendsten Multilateralismen nicht weiter.

Der Sänger Max Mutzke ist ein gutes Beispiel zur Unterscheidung von Gesinnungsethik und Verantwortungsethik. Als Künstler bekommt er Applaus für seine Liebesbekenntnisse gegenüber allen Immigranten. Das ist sicherlich auch eine schöne Sache, nur Liebe und Politik sind verschiedene Sachen. Auf alle Fälle nicht das gleiche. Der Verantwortungsethiker wird sich immer alle Folgen bewusst machen, die Liebesbekundungen – auch wenn es die allerschönsten sind – in all Ihren Auswirkungen nach sich ziehen, wenn diese Liebesbekundungen von gesamtgesellschaftlicher Bedeutung sind. Die Vermischung von Liebe und Politik und die damit einhergehende Verunglimpfung jeglicher politischer Haltung, die nicht Liebe als allererste Entscheidungsprämisse für das Handeln anwendet, ist eine der überraschendsten Entwicklungen, die die politisch korrekte Öffentlichkeit in Deutschland in den letzten 2 Jahrzehnten hervorgebracht hat.

Ein weiteres gutes Beispiel für verfehlte Gesinnungsethik ist der Fall des ehemaligen Verfassungsschutzpräsidenten Maassen. Dieser hat versucht Hetzjagden nach Immigranten, die im allgemeinen Pressetenor die gesamte chemnitzsche Demonstration deswegen in die rassistische Ecke geschoben hat, zu rationalisieren und auf die Quellen hingewiesen, die ein Interesse daran hätten, die große Demonstration in den Rassismus abzuqualifizieren. Dieses ist von der SPD und zuletzt vor allem von der Parteichefin Nahles zum unbedingten Entlassungsgrund zusammengedampft worden. Nach dem Motto es kann nicht sein, was nicht sein darf. Die SPD hat wegen dieser Lappalie sogar die Koalition und damit die Regierungsfähigkeit in Frage gestellt. Unabhängig davon, dass Herr Maassen sicherlich nicht die optimalen Worte gefunden hat, so hat sich seine Aussage im Kern bewahrheitet. Dass a) das einzige Video auf dieser Massenveranstaltung durch linksautonome Medien lanciert wurde und b) dass bei allen weiteren Recherchen von sämtlichen Interessengruppen nicht festgestellt werden konnte, dass sich bei diesem Video eine Hetzjagd abgespielt hat oder dass es daneben überhaupt zu weiteren Hetzjagden gekommen ist. Das Wort Hetzjagd wurde übrigens vom Kanzleramt auch nur auf Basis dieses einen Videos in der Debatte etabliert. Nachdem sich nach einigen Wochen deutlich herausgestellt hat, dass die Realität anders ist, musste Herr Maassen gleichwohl aus gesinnungsethischen Gründen der SPD seinen Hut nehmen und dieses dann auch nur um die Koalition und Regierung zu bewahren. Für die allgemeine SPD-Gesinnung ist aus einer Ortsdemonstration wegen eines Blutverbrechens, ausgelöst durch Immigranten, eine rechte Demonstration, ergo eine Nazidemonstration, ergo eine rassistische Demonstration geworden.

Ein Videoausschnitt ist genug um zehntausende Bürger des Rassismus zu bezichtigen. Diese Haltung einer Partei mag so durchaus meinungsbildnerisch nachvollziehbar sein, jedoch, die Nachvollziehbarkeit hört auf, wenn die nach und nach bekanntwerdende und bestätigte Realität, die anders aussieht, dann wegen der Parteigesinnung geopfert wird und nicht stattfinden darf. Es kann nicht sein was nicht sein darf. Dass diese Haltung so natürlich nicht funktionieren kann, ist an sich klar und wird im Falle der SPD durch stetig fallende Wählergunst seit der Verhinderung und Verleugnung von Gerhard Schröder fortlaufend bestätigt. Was eine SPD bewirken kann, die – wie Brandt, Schmidt, Rau oder Schröder – der Realität gegenüber Gesinnungsthesen den Vorrang gibt, das konnte diese bis in das Jahr 2005 an den eigenen Wahlergebnissen abmessen.

Ein weiteres gutes Beispiel für die gesinnungsethische Verdrehung politischer Begriffe ist das Wort Flüchtling. Es wurde der Sammelbegriff für alle Menschen, die sich aus südlichen Ländern auf den Weg machten. Flüchtling suggeriert Hilfsberechtigungen, wie zum Beispiel das Asylrecht. Der Einsatz dieses Wortes in diesem Kontext ist jedoch falsch. Das Wort Immigrant ist richtig. Dieses Wort kann vorab für alle gelten, die in neue Länder einwandern. Dabei kann es sich durchaus um Flüchtlinge handeln, wenn die dazu nötigen Anlässe Tod, Folter, Gefangenschaft, Verfolgung oder ähnliche Verbrechen der verlassenen Obrigkeit vorliegen. Es ist jedoch de facto nicht der Fall, dass man bei jedem Immigranten nach Deutschland nach 2015 von einem Flüchtling reden kann. Definitiv nicht. Sonst könnte man auf alle Asylinterviews verzichten. Nein. Flüchtlinge gibt es unter den Immigranten. Dieses Wort aber für alle Immigranten gleichzusetzen ist eines der Symptome kollektiver Gesinnungsethik in der deutschen veröffentlichten Meinung nach 2015.

Verteidigung

Die allergrößte Unmenschlichkeit, die sich die westliche Verteidigungspolitik hat einfallen lassen, ist der Einsatz von Drohnen als Luftwaffe. Dieser Einsatz ist aus mehreren Hinsichten völlig absurd und wird unter dem Strich verursacht durch die Feigheit vor dem Feind. Denn wenn ein Mensch aus einer Drohne beschossen oder bombardiert wird, dann ist das ja wohl in jedem Falle ein Feind. Wenn man ein anderes Volk zum Feind erklärt, dann ist es schon feige überhaupt <u>nur</u> aus der Luft zu agieren und nicht zugleich auch am Boden. Kriegerische Auseinandersetzungen werden bis heute am Boden entschieden und nicht in der Luft. In der Luft kann vorbereitet werden – unter Umständen entscheidend vorbereitet werden – aber es bleibt am Ende immer eine Vorbereitung. Wenn nun statt bemannter Flugzeuge nur noch Maschinen eingesetzt werden, um diese in kriegerischer Vorbereitung verharrende Aktion vorzunehmen, dann macht es die Luftwaffenaktion noch absurder. Nun wird auch häufig erwähnt, dass man doch Terroristen jage – lange Zeit sogar nur einen Einzigen. Das macht dann die ganze Sache so absurd, dass dieses Wort für kriegerische Luftwaffenaktionen in ganzen Landstrichen nicht mehr ausreicht. Annähernder ist das Wort menschenverachtend. Ja, man muss es so bezeichnen, die westliche Verteidigungspolitik ist spätestens seit 9/11 menschenverachtend. Wenn man Terrorismus bekämpft, dann wird man dafür bestimmt strengste Mittel einsetzen – aber doch nicht Kriegserklärungen gegen ganze Völker? Und wenn dann gegen ganze Völker unter Luftwaffen- und Raketeneinsatz Krieg geführt wird, dann soll man diesen bitteschön auch als solchen offiziell machen und sich dementsprechend verhalten. In dem dann nämlich konsequent auch Bodentruppen eingesetzt werden. Damit die Kriegssache auf den Landstrichen und in den Städten geklärt wird, wie auch immer die Kriegsziele definiert werden. Alles andere ist schlichtweg unmenschlich. Wenn die Kriegsziele Bodentruppen verbieten, dann verbietet sich auch jeglicher weitere kriegerische Einsatz aus der Luft – egal von welchem Truppenteil gesteuert.

Diese Unmenschlichkeit macht auch bei den deutschen Beteiligten in den ganzen Diskussionen nicht halt. Unsere Kanzlerin, unsere Verteidigungsministerin, die ganze Regierung heißen Bombardierungen in Afghanistan, im Irak und in Syrien gut – und zwar gegenwärtig. Was glauben wir eigentlich, wie unsere Motive in diesen Ländern hinterfragt werden. Aber bei uns – bitteschön – darf und soll nichts passieren. Was ist das für eine Doppelmoral. Nach einer Reihe von Anschlägen bei uns, die schon fast an irakische Verhältnisse erinnern, ist nicht nachvollziehbar, wie selbstgerecht unsere eigene Außenpolitik weiterhin ist und beurteilt wird.

Auch militärstrategisch war der gesamte militärische Einsatz gegen den IS katastrophal. Unter Einsatz von NATO Truppen, syrischen Truppen und russischen Truppen, was für eine Koalition, brauchte man fast 4 lange Jahre, um diese aus Ihrem Gebiet mit ca. 5 städtischen Hochburgen zu vertreiben, und zwar in den Untergrund, wo der IS nicht unbedingt harmloser wird. In diesen fast 4 Jahren wunderte man sich, dass verbündete Einheiten der IS-Truppen vereinzelt böse Anschläge auch in Hauptstädten der NATO-Verbündeten gemacht haben. Unmöglich? Die Frage ist sicher erlaubt – aber zu verneinen. Wenn NATO-Verbündete sich mit verschiedensten Mitteln in diesen Bürgerkrieg einmischen, auch wenn dieses nur Luftwaffeneinsätze sind, dann sind die Truppen voll haftbar. So ist das im Krieg. Was hat sich der Westen hier vorgemacht? Natürlich ist dann alles möglich. Also, entweder man hält sich raus, oder man geht voll rein und erledigt den Job so, wie es einer westlichen Militärnation angemessen wäre. Das hätte natürlich gewaltige Konsequenzen in viele Richtungen gehabt, weshalb man das nicht gemacht hat. Aber bitteschön, dann gibt es nur eine Entscheidung: Heraushalten. Das war übrigens die beste Entscheidung des Außenministers G. Westerwelle anlässlich des „libyschen Frühlings".

Kollateral wird Religion bombardiert. Eine Religion zu bombardieren, wie auch immer diese geartet ist, hat nach meiner Kenntnis noch nie zu etwas geführt. Und gerne an dieser Stelle zur deutschen Konkretisierung: In den AWAC Flugzeugen, den Drohnensteuerern am Himmel, sind auch Bundeswehrsoldaten im Einsatz – also unsere Nation in politischer Verantwortung. Der Einsatz dieser Soldaten wird im Bundestag genehmigt, unsere Volksvertretung – ohne Abstriche.

Man muss sich dafür nur für ein paar Minuten vorstellen, welche Gefühle man hätte, würde die eigene Ortschaft von Drohnen einer ausländischen Macht angegriffen werden, die hier noch nie gewesen ist und voraussichtlich hier nie in Erscheinung treten wird. Die Schlussfolgerung

muss man nicht näher erläutern. Aber diese Schlussfolgerung wird in der gesamten veröffentlichten Meinung der
westlichen Verteidigungspolitik seit 9/11 verschwiegen.
In Anbetracht der unendlichen Schar von Moralisten, die
scharfsinnig den korrekten Verbrauch verschiedenster
Konsumgüter bewerten können, ist dieses Phänomen sehr
verwunderlich. Warum kann diese Diskrepanz entstehen?
Sie entsteht aus einer Gesinnungsethik heraus und nicht
aus einer Verantwortungsethik. Der Nationalliberale ist
immer der Verantwortungsethik verpflichtet. Wie man
sich eine Situation, eine Handlung, eine Reaktion oder
sonst etwas wünschen mag, wie stark also immer diese
jeweilige Gesinnung sein möge, sie muss immer auf alle
ihre erkennbaren Folgen und Nebenwirkungen überprüft
werden und am Ende schlicht dem kategorischen Imperativ standhalten. Wer diese schlichte Moralität außer
Acht lässt verursacht die härtesten Verwerfungen. Gesinnungsethische Verwerfungen lassen sich, nebenbei
bemerkt, zügig in jedem beliebigen anderen Politikfeld
isolieren. Der Nationalliberalismus wird immer auf der
Seite der Verantwortungsethik stehen. Politik ist kein
Wunschkonzert.

Was eine gesinnungsethische Verteidigungspolitik her-
vorbringt, kann man nicht nur an der Linken (man denke an den Warschauer Pakt) und an den Grünen (man
denke an den Kosovo), sondern zuletzt auch an der eher
Konservativen Ursula von der Leyen erkennen. Ursula
möchte aus edelsten Motiven ganze Regionen fern von
Deutschland in die Freiheit und Demokratie (natürlich
weitestgehend so, wie sie es sich vorstellt) führen, schickt
dafür Bundeswehreinheiten nach Afghanistan, Kurdis-

tan oder Mali, um dort die Politik und die Gesellschaft zu bekehren. Das geschieht völlig unabhängig von allen lokalen Nebenwirkungen und Oppositionen, denen von Deutschland aus wegen einer falschen Gesinnung die Existenzberechtigung abgesprochen wird. Deutschland selbst hat in Afghanistan oder Kurdistan keine eigenen Interessen zu verantworten. Bestenfalls in Mali, wobei dort die nationalen Interessen überhaupt nicht auf dem Tableau sind. Im Grunde soll unter dem Strich überall dort der Islam zurückgedrängt werden. Das wird aus diesem feinen gesinnungsethischen Ansatz heraus jedoch nicht gelingen. Wenn man an der Stelle Islameindämmung weiterkommen möchte, dann sind aus verantwortungsethischer Sicht ganz andere Mittel einzusetzen. Und weil diese Mittel zu aller äußersten Konsequenzen führen würden, weiß jeder Verantwortungsethiker, dass er sich aus derartigen verteidigungspolitischen Ferneinsätzen heraushält. Vor 2–3 Jahrzehnten hätte die CDU dafür noch von allein gesorgt – aber die CDU hat sich in der Zwischenzeit verändert. Zusammen mit SPD und den selbst bekennenden Gesinnungsethikern Grünen, werden diese Auslandseinsätze Jahr für Jahr weiter durch das Parlament gewunken. Zum Glück möchte die Linke an dieser Stelle mit Bundeswehrauslandseinsätzen nicht auch noch die Welt verbessern. Ein Lichtblick an dieser Stelle.

Die gesinnungsethischen Gefühle werden auch bei der Kanzlerin deutlich. Die Entscheidung, die deutschen Grenzen 2015 zu öffnen, dürfte psychologisch zu einem Teil auch mit dem Schlepperkühltransporter zusammenhängen, in dem auf österreichischem Terrain alle

71 Transportierte erstickt sind. Schlimm. Schlimm ist natürlich gar kein Ausdruck. Dennoch – Gefühle dürfen kein hinreichender Grund für außenpolitische Entscheidungen sein. Es hat sich über die letzten Jahre herausgestellt, wie missverständlich, dumm und ignorant sich diese Schlepper verhalten haben. Wenn in einem Schlepperkühltransporter 71 Menschen ersticken, dann ist das absolut dramatisch und muss in jeder Hinsicht aufgeklärt werden. Aber auch dieses Ereignis, zusammen mit den Missständen am Budapester Bahnhof, darf nicht zum maßgeblichen Motiv wachsen, elementarste außenpolitische Entscheidungen zu machen. Diese bedürfen letztendlich immer des nationalen Interessenausgleichs. So brutal der Tod dieser eingeschlossenen Transportierten auch sein mag, die Dummheit der kriminellen, Geld durstigen Täter hätte trotzdem nicht zu einem weiteren Entscheidungskriterium für deutsche Außenpolitik werden dürfen. Der Prozess in Ungarn hat zu einer harten Verurteilung dieses katastrophalen Schlepperunterfangens geführt. Richtig. Für die Veränderung einer außenpolitischen Doktrin einer ganzen Nation darf ein solch böser Vorfall nicht hinreichend sein – genau wie dies übrigens auch für den japanischen Tsunami 4 Jahre zuvor für eine langjährige innenpolitischen Doktrin hätte gelten müssen.

Außenpolitische Prämissen werden vernünftig für die ganz große heimische Allgemeinheit Interessen gesteuert und sicherlich nicht wegen verletzten Gesinnungen. Jedem, der am Ausmaß der insgesamt gesinnungsethischen und gleichzeitig feigen Militärpolitik des Westens Zweifel hat, empfehle ich einige Stunden YouTube mit einschlägigem Videomaterial aus tausenden verschiedenen Quellen der Angegriffenen. Einige Stunden reichen. Mehr gerne. Realität hilft immer weiter.

Eine kleine Anmerkung zum Thema Russland: Auf einer Münchener Sicherheitskonferenz Mitte des letzten Jahrzehnts war sich die meinungsbildende Presse in Deutschland überwiegend einig gegen Russland. Tenor, Lawrow schaffe sich mit seinen Analysen separate Realitäten. Wenn man Lawrow mit nationalen und liberalen Prämissen exakt gehört hat, dann musste man nicht alles teilen, jedoch konnte man seine Analysen weitestgehend nachvollziehen. Er hat dabei immer wiederholt, dass NATO und der Osten sich an einen Tisch setzen sollten. Das entspräche auch verantwortlicher Außen- und Verteidigungspolitik.

Weitere Punkte absurder Außenpolitik: US-Amerikaner und Russen stimmen ihre Drohneneinsätze ab. Deutschland erhöht Rüstungsexporte. Deutschland bildet die kurdische Armee aus. Dass vor diesem Hintergrund Akteure in den betroffenen Ländern zu wildesten Meinungen und Aktionen gelangen, darf vor diesem Hintergrund nicht verwundern. Auch die deutsche Außenpolitik ist in diesem Kontext weit entfernt davon kohärent zu sein. Die Verweise auf die EU gehen zur Entschuldigung mangelhafter deutscher Außenpolitik fehl, weil es die EU-Außenpolitik gar nicht gibt. Es gibt eine EU-Zollpolitik und damit bestenfalls eine EU-Außenwirtschaftspolitik. Das ist jedoch meilenweit entfernt von einer echten Außenpolitik, die von jeder Nation als zumindest zweitwichtigste politische Aufgabe stimmig geführt werden muss und sicherlich von Deutschland, als bevölkerungsreichste Nation im EU-Verbund. Deutschland hat diese Aufgabe in den 10er Jahren gegenüber Staaten wie Russland, Ukraine, Afghanistan, Syrien, Ägypten, Libyen, USA und UK, um die wichtigsten zu nennen, grob vernachlässigt.

Entwicklungsländer

Nach den Entkolonialisierungen der afrikanischen Nationen Eritrea (1947), Kenia (1963), Tansania (1961), Simbabwe (1980), Angola (1975), Kongo (1960), Nigeria (1960), Mali (1960), Algerien (1962) und Libyen (1951) wurde von Gemeinden, Landkreisen, Ländern, Bund und später auch der EU eine vermeintlich selbstlose Entwicklungspolitik betrieben, die in Bezug auf das wichtigste aller politischen Probleme, nämlich Ü, wirkungslos verpuffte. In den allermeisten Fällen ist stattdessen genau das Gegenteil von Wohlstandsentwicklung passiert, nämlich hemmungsloses Bevölkerungswachstum. Ü führt bis heute zu Verarmungen und Rebellionen in afrikanischen Gebieten, die nach Bevölkerungszahl und Landesfläche Deutschland oder die EU um ein Vielfaches übertreffen. Die Teilauswahl der in diesem Absatz aufgeführten afrikanischen Länder, in der Länder wie Ägypten, Sudan, Äthiopien, Sambia, Madagaskar, Südafrika, Namibia, Ghana, Senegal, Marokko und noch eine ganze Reihe weiterer Länder nicht enthalten sind, beinhaltet allein die aktuelle Bevölkerungsanzahl von

507.805.000 gegenüber 513.500.000 in der gesamten EU. Die Landesfläche dieser afrikanischen Teilauswahl beträgt 11.851.400 qkm gegenüber 4.831.000 qkm der EU. Also allein diese Teilauswahl entspricht in Bevölkerungsanzahl der EU und übertrifft die Landesfläche der EU um mehr als das Doppelte.

Das durchschnittliche Wirtschaftswachstum der Länder dieser Teilauswahl belief sich in den 22 Jahren zwischen 1995 und 2017 real auf 1,54 % pro Jahr und pro Kopf gerechnet. Das durchschnittliche Bevölkerungswachstum dieser Länder betrug in der gleichen Zeitspanne 3,50 % per anno. Das heißt, dass die Bruttoinlandsprodukte dieser Volkswirtschaften diese 3,5 % übersteigen müssen, um überhaupt eine Realsteigerung der Einkommen pro Kopf zu erreichen. Oder anders ausgedrückt: Über 2/3 der erreichten Wirtschaftswachstumsraten in diesen Ländern werden Jahr für Jahr allein schon durch Ü neutralisiert. Die verbliebene karge Wachstumsrate – zum Leben zu wenig und zum Sterben zu viel – wird dann noch zu sehr ungleichmäßigen Teilen auf das Volk verteilt. Was für ein schlechtes Zeugnis, nicht nur für die Volkswirtschaften dieser Länder, sondern auch insbesondere für die europäische Entwicklungspolitik.

Vor der versammelten Selbstlosigkeit aller gut meinenden Entwicklungshelfer gibt es nirgends eine erkennbare politische Kraft, die dieses Dilemma deutlich machen könnte. Die vereinzelten Stimmen, die es gegeben hat, sind von der gut meinenden Meinungsmasse erfolgreich ausgegrenzt worden. Diese politische Ausgrenzung muss beendet werden, damit auch Afrika eine erfolgreiche Zukunft genießen darf. Der Sozialismus und der Sozialliberalismus werden dafür keine wirkungsvollen politischen Schwerpunkte entwickeln können. Das wird allein schon deshalb nicht klappen, weil diese beiden Politströmungen sich gegenüber Ihrer eigenen verfehlten Entwicklungspolitik seit den 60er Jahren zu rechtfertigen hätten. Bevor man sich dieser Schmach aussetzt, fährt man mit der gleichen Politik fort, unabhängig davon, ob kleinere Anpassungen zur Verbesserung vorgenommen werden oder nicht.

Die Kraft die Entwicklungshilfe neu aufzustellen kann nur aus einer Politik, die das Nationale und gleichermaßen das Liberale in seinen Mittelpunkt setzt, und mit diesen beiden Koordinaten auch allen anderen Ländern mindestens gleichermaßen Erfolg wünscht – und zwar genau so wie im eigenen Lande auch dort weit vor allem Anderen mithilfe der eigenen Kräfte. Die eigenen Kräfte der Nationen, die man unterstützen möchte, müssen gestärkt werden und nicht das Gegenteil davon. Die bisherige europäische Entwicklungspolitik auf allen politischen Ebenen hat im Ergebnis nicht für die Stärkung der jeweiligen nationalen Kräfte gesorgt. Im Gegenteil, sie hat dafür gesorgt, dass weit überwiegend die Kräfte der afrikanischen Nationen geschwächt wurden.

Immerhin ist es inzwischen interessant festzustellen, dass sich inzwischen auch Konservative vom Sozialliberalismus freimachen, wie zuletzt Dobrindt. Er hat sich öffentlich zum Dissens „Globalhumanismus versus Heimat" rhetorisch in Stellung gebracht. Er hat deutlich gemacht, dass Heimat nicht mit allen wohlmeinenden

Aspekten des Globalhumanismus in Übereinstimmung gebracht werden kann. Auch wenn es sich die moderne Bildungsklasse vielleicht wünscht; die Welt wird sich nicht völlig alternativlos in die bisherige Richtung der Entwicklungspolitik fortentwickeln.

NATIONALLIBERALE INNENPOLITIK

Innenpolitik ist zuerst alles, was nicht Außenpolitik ist. Man könnte neben dem Regierungschef also durchaus einen Außenminister und einen Innenminister benennen und damit das Kabinett vervollständigt haben. Beide Ministerien würden sich vom Aufgabenumfang nicht sehr viel nachstehen. Schon hieran erkennt man das Gewicht der Außenpolitik, das in den Debatten der letzten beiden Jahrzehnte stark unterbelichtet wurde. Die größten Probleme, die in den letzten 2 Jahrzehnten entstanden sind, begründen sich auf außenpolitische Fehler. Diese Fehler müssen mittelbar oder unmittelbar innenpolitisch ausgebügelt werden. Wegen der Verfügbarkeit und zum Zwecke der Arbeitsteilung werden innenpolitische Kernressorts wie Wirtschaft, Soziales, Justiz, Kultur und Finanzen gebildet. Daneben haben sich periodisch weitere Unterteilungen der Ressorts in Umwelt, Arbeit, Jugend, Familie, Landwirtschaft, Verkehr, Telekommunikation, Post, Wohnungsbau, Atom, besondere Aufgaben, Energie, Schatz, Städtebau, Forschung, Länder, Gesundheit, Bildung, Senioren, Frauen oder Raumordnung ergeben.

Alle diese Unterteilungen lassen sich einfach den Kernressorts zuordnen. Die Minister der Kernressorts müssen Ihr Gewicht bewahren, um Ihrer politischen Verantwortung gerecht werden zu können. Zum Beispiel ist die Aushöhlung des Ressort Wirtschaft durch die Übernahme seiner originären Aufgaben in vielen anderen Ministerien (aktueller Stand 03/20: Bau, Verbraucherschutz, Arbeit, Ernährung, Landwirtschaft, Gesundheit, Verkehr, Digitales, nukleare Sicherheit) dermaßen ausgehöhlt, das eine bündige, ausgewogene und gesamtverantwortliche Wirtschaftspolitik schon alleine aus diesem Organisationsschema heraus gar nicht mehr möglich ist. Eine gesamtverantwortliche Wirtschaftspolitik wäre im aktuellen Organisationsschema nur vom Kanzleramt aus führbar, was dieses jedoch nicht will und in der aktuellen Verfassung auch nicht könnte.

Nationalliberale Ressortaufteilung misst sich nach der Verantwortung der zu leistenden Staatsaufgaben, was zwangsläufig dazu führt, die oben genannten Kernressorts so zu belassen. Wie in diesen Kernressorts dann die Aufgaben weiter verteilt werden, bleibt dem jeweiligen Minister selbst überlassen. Er trägt dafür die klar definierte Verantwortung. Mit den fortlaufenden Neubildungen von Ministerien und damit einhergehenden Bürokratie Wucherungen würde mit nationalliberaler Politik Schluss sein.

Ein innenpolitischer Sonderfall in unserem Bundesstaat ist die Kultur, die traditionell in die vollständige Hoheit der Bundesländer übertragen wird. Das wird aus guten Gründen so gemacht und hat sich vielfältig bewährt. Wer die Ressorts Verteidigung, Entwicklungshilfe oder wirtschaftliche Zusammenarbeit in diesem Absatz vermisst braucht nicht zu warten, denn diese gehören zur Außenpolitik. Nachdem wir im gesamten Bereich Bundesinnenpolitik für nationalliberale Ordnung gesorgt haben kümmern wir uns jetzt darum, welche originä-

ren Aufgaben in einem Innenministerium verbleiben.
Es sind dies: Verwaltung, Raumordnung, Verkehr, Wissenschaft, Bildung, Umwelt, Freizeitangelegenheiten,
Sicherheit und Subsidiarität.

Verwaltung

Damit das Zusammenleben funktioniert und auch fortlaufend verbessert wird, gibt sich die Gemeinschaft Ordnungen. Jetzt ist es so, dass sich Einzelne aus unterschiedlichsten guten oder schlechten Gründen nicht immer an
die Ordnungen halten. Hier kommt als Ordnungshüter
die Polizei in das Spiel, die die sichtbarste Ausführungsbehörde der Innenpolitik ist, jedoch – wie dieser Absatz
generiert – nur einen kleinen Bruchteil zum tatsächlich
harmonischen Zusammenleben beiträgt.

Zur Ordnung gehört, was, wo, auf welcher Ebene geregelt
wird. In der Entstehungsgeschichte von Gebieten, Ländern und Nationen entwickeln sich hier unterschiedliche
landestypische Spielregeln – mal mehr lokal, mal mehr
zentral organisiert. Eine Nation definiert sich dadurch,
dass die Ordnung der verschiedenen Entscheidungsebenen
in Gänze durch eine bündige Ordnung auf oberster Ebene autorisiert ist – ohne dass ein Teil ausgesetzt werden
kann oder sich umgekehrt als autonom erklären kann.
Jede Autorität in einer Nation ist zugleich mittragender
und mithaftender Teil der gesamten Nation.

Ein Musterbeispiel, wie sich diese Ordnungen entwickeln, ist in den Ländern Deutschland und Jugoslawien nach Auflösung des Warschauer Paktes nach 1989 zu beobachten gewesen. Deutschland fusionierte unter sich kumulierendem Druck zu einer Nation aus vorher zwei Staaten. Jugoslawien zersplitterte zusehends unter den Fliehkräften, die sich vom zentralistischen serbischen Druck befreien wollten. Es bildeten sich in Deutschland die Länder Mecklenburg-Vorpommern, Brandenburg, Sachsen-Anhalt, Sachsen und Thüringen, wobei interessant gewesen ist, dass innerhalb dieser Länder der Drang in Richtung Brandenburg am stärksten war. Kreise aus Mecklenburg-Vorpommern und aus Sachsen wählten die Zugehörigkeit nach Brandenburg. Die Zugehörigkeit nach Brandenburg grenzte sich in der Folge auch noch von Berlin, und insbesondere Ost-Berlin ab. Sowohl die Ostberliner als auch die Brandenburger zeigten überwiegend Divergenz gegenüber der Vereinigung, während die Westberliner, obwohl sie am meisten zu verlieren gehabt hätten, überwiegend konvergent abgestimmt haben. Brandenburg als eines der ältesten Länder in der deutschen Entwicklung und zugleich als wichtigstes Land für die Konvergenz der deutschen Nation leidet noch bis dato unter dieser Divergenz. Neben vielen Beispielen zeigt insbesondere das Projekt BER, zu welch mangelhafter strategischer Führung es kommt, wenn ein Land, das seit ewiger Zeit zusammengehört aus Mode begründeten Empfindlichkeiten nicht zueinander findet.

Ein klassisches Beispiel für eine Verselbstständigung der Verwaltung unter Missachtung des Bürgerinteresses ist die Online-Terminvergabe für Bürgerämter der Stadt Ber-

lin. Ergebnisse: langes Warten auf Termine, angesetzte
Termin werden naturgemäß oft nicht wahrgenommen.
Ergebnis dessen sind nicht ausgelastete Mitarbeiter. Weiterer Protest wegen dieses Mangels entsteht durch entstehende längere Wartezeiten. Der allerwichtigste Punkt
an dieser Onlineterminvergabe ist jedoch das jeder von
jung bis alt sich erst mal online einloggen muss und dann
das Template der Terminvergabe erst mal verstehen und
richtig abschließen muss. Die Hotline 1151 wäre eine
gute Alternative, würde diese gut bekannt gegeben und
vor allem funktionieren – sprich besetzt sein, was diese
Hotline in der Praxis zumeist nicht ist, zumindest in den
ersten drei Minuten geduldigen Wartens in der Warte-
schleife. Ein längeres Warten des Bürgers für einen Termin darf man ruhig als Zumutung ansehen. Denn, wie
lief es immer, und wie würde es normal am besten laufen?

Das alte Motto, wer zuerst kommt mahlt zuerst: Also, das
Bürgeramt wird besetzt (auch mit denen, die die Home-
page verwalten oder in der Telefonzentrale sitzen), das
Bürgeramt öffnet, die Besucher ziehen sich Karten und
warten bis sie drankommen. Und in den allermeisten
Fällen sind Sie mit Ihrer Sache in überschaubarer Zeit
durch. Dauert es irgendwo mal etwas länger, dann bitte
schön ist das immer noch viel besser als dieses völlige
Chaos der Onlineterminvergabe, die sich irgendein ganz
schlauer Senator ausgedacht haben muss, der vielleicht
viel von Theorie hält, jedoch über keinen praktischen
Bürgersinn verfügt. Es ist immer noch besser vor dem
Schalter zu warten, als wochenlang auf einen Termin,
der per Fernauskunft zugeteilt wird. Die Verwaltung
kümmert sich um sich selbst, jedoch nicht um seine Bür-

ger. Es gab mal einen Willy Brandt, der die Verwaltung darauf aufmerksam gemacht hat, wem sie dient. Willy Brandt hat es geschafft, die Verwaltung zu mobilisieren – im Sinne der Bürger. So jemand ist heute auf große Ferne nicht in Sicht.

Beispiele für weitere ungesunde Verselbstständigungen im Beamtenberufsstand, die aus nationalliberaler Sicht abgeschafft gehören: a) Bezahlte Freistellung von Beamten für politische Tätigkeiten, b) Gehaltszahlungen der Funktionsträger polizeilicher Berufsverbände durch die Ämter. Diese Verquickungen zwischen hoheitlichen Aufgaben und privaten Interessen sind aus nationalliberaler Sicht zu beenden.

Immigrationsverwaltung

Seit 2015 wird die Unterscheidung zwischen Immigration und Emigration im politisch korrekten Sprachgebrauch nicht mehr genutzt. Der Term „politische Korrektheit" ist lange vorher als Sinnbegriff für politische Werte, die als indiskutabel, unumstößlich und alternativlos gelten, angesetzt worden. Es ist der Bereich, der maßgeblich von CDU, SPD, FDP und Grünen als politischer Tabubereich in der gesamten Debatte definiert wird, um bei vielen Themen Verstand, Vernunft, Dialektik oder Abwägungen im Ansatz auszuklammern. Es ist ein gesellschaftlicher Fortschritt definiert worden, der als unanfechtbare Gewissheit gilt – losgelöst von der Realität. Egal ob es unkontrollierbare Überbevölkerung gibt, überbeanspruchte Ressourcen, Staatsüberschuldungen, Entdemokratisierungen oder institutionelle Verwucherungen – moralisch bewährtes setzt den Maßstab dafür, was von Vorhinein als diskutabel und als indiskutabel gilt – und dies ist dann die überwiegend deutsche vertretene veröffentlichte Meinung.

Zurück zur Immigration: Der erste Schritt zum richtigen Handeln ist das richtige Erkennen. Zum richtigen Erkennen gehört das richtige Unterscheiden. Wenn in der politischen Kernproblematik der 10er Jahre, die Unterscheidung und somit das jederzeitige richtige Erkennen in allen Zusammenhängen aus politischer Korrektheit heraus eliminiert wird, dann wird es damit unmöglich gemacht die richtigen nationalen Schlussfolgerungen zu entwickeln. Das ist in der deutschen politischen Diskussion natürlich Absicht wegen humanistischer Gründe und wegen des Hintergrundes der jüngeren deutschen Geschichte. Die Wörter Immigration und Emigration werden ausgeblendet und in das abstraktere Wort Migration verwischt.

Migration kann alles bedeuten, was Wanderungen innerhalb eines Landes, eines Kontinents oder innerhalb der Welt betrifft. Man verwischt mit alleiniger Verwendung dieses Begriffes die Migrationsproblematiken mit all den mannigfaltigen Migrationsvorteilen, die sich im Gesamtfeld der Migration ergeben. Die Begriffe Immigration oder Emigration in der politischen Debatte auszuklammern, führt zu nichts anderem als Unschärfen,

Doppeldeutigkeiten und Missverständnissen. Natürlich bezwecken die Sozialisten, Globalisten und Multilateralisten damit die Entwicklung einer immanenten Haltung.

Jedoch kann diese Absicht nicht zu sachlichen Erkenntnissen führen, und im Ergebnis auch nicht zu den angemessenen politischen Schlussfolgerungen. Diese sind immer nur möglich auf der Basis einer maximalen Ausnutzung der Erkenntnismöglichkeiten der Realität. Zur Wahrnehmung der Wanderungen in den 10er Jahren gehören untrennbar die Immigration und Emigration. Die Emigration aus Bundesländern und aus Deutschland verursacht in den 10er Jahren sicherlich einige Problemstellungen. Jedoch stehen diese Problemstellungen in keinem Verhältnis zu den Problemen, die die Immigration stellt. Die Immigration aus Bundesländern in andere Bundesländer in Spiegelung zur Emigration aus Bundesländern wiederum verursacht in Relation zu Immigration nach Deutschland sehr viel weniger Probleme. Sehr viel mehr Probleme entstehen durch die Immigration nach Deutschland aus europäischen Ländern. Diese Immigration aus europäischen Ländern an sich, ist in diesem Kontext problematisch. Sie wird ungleich problematischer durch die Immigration außereuropäischer Kontinente nach Europa, die in Europa nicht in den jeweiligen Ländern verhandelt wird, in der die Immigration aufschlägt, sondern stattdessen innereuropäisch so verhandelt wird, das bei Immigrationsfreiheit innerhalb von Europa alle Immigrationen aus anderen Kontinenten in wenige bestimmte Länder möglich sind. Diesen Ländern werden nachfolgend von der EU keine Hilfen angeboten. Zuvörderst wäre diese Verhandlung der Immigration innerhalb Europas die Aufgabe der EU, die nationalstaatliche Aufgaben innerhalb Europas übernommen hat. Jedoch kommt die EU diesem Organisationsauftrag ungenügend und unvollkommen nach. Dabei ist die Immigration das beherrschende politische Thema dieses Jahrzehnts. Im Angesicht der weltweiten Bevölkerungsentwicklung, den Ressourcenknappheiten und den unabsehbaren Diskriminierungen verschiedener Teile der Welt durch nicht mehr funktionierende Multilateralismen, wird dieses politische Thema über die nächsten 2 bis 3 Jahrzehnte an Bedeutung noch zunehmen – wobei man sich mit Prognosen mäßigen soll, wie am allerbesten die Untergangsprognose des weltberühmten Club of Romes vom Anfang der 70er Jahre eindrucksvoll dokumentiert.

An dieser Stelle wird das politische Lösungskonzept entworfen, das zu Beginn unseres Jahrhunderts über den Kommunismus, den Sozialismus, den Liberalismus und den Konservativismus hinausgeht, deren argumentativen Ketten sprengt, und das die weiterführenden Lösungskonzepte für die gesamte Immigrationspolitik und alle anderen politischen Felder liefert: Es ist der Nationalliberalismus.

Der Nationalliberalismus ist in Deutschland keine neue Erfindung. Es gab ihn schon mit großer politischer Kraft im 19. Jahrhundert. Er keimte auf im Vormärz bis 1848, schlug sich sukzessive nieder in politischen Entwicklungen nach dem Vormärz und entfachte schließlich als eigenständige und starke Partei bis zu den 1890er Jahren politisch entscheidende Kraft im deutschen Reich. Leider erkannten die verschiedenen nationalliberalen Politiker damals nicht die staatstragende Rolle des Nationalliberalismus und zersplitterten in Grabenkämpfe verschiedener Einzelgruppierungen, die royalistischen, konservativen, pur liberalen oder pur nationalen Bewegungen Vorrang einräumten. Damit wurde die nationalliberale Bewegung und ihre Partei bis zum Anfang des 20. Jahrhunderts leider unbedeutend, was tragischerweise zu katastrophalen Entwicklungen in der ersten Hälfte des letzten Jahrhunderts führte. Ab der 2. Hälfte des letzten Jahrhunderts waren der Begriff des Nationalismus insbesondere – aber auch leidlich der Begriff des Liberalismus durch die politischen Ereignisse zwischen 1914 und 1945 so diskreditiert in unserem Lande, dass allein schon aus der Schuld gegenüber den Toten aus den beiden Weltkriegen eine freie politische Arbeit mit diesen Begriffen unmöglich war. Eine Zusammenführung dieser beiden Begriffe gilt bis dato als unmöglich – allein schon wegen der Analogie zu seinem sozialistischen Pendant – dem Nationalsozialismus. Wenn es nun aber so ist, dass gerade der Begriff des Nationalliberalismus die Parameter liefert, die schon Ausgangs des 19. Jahrhundert die richtigen politischen Lösungen geliefert hätten, und noch mehr jetzt die richtigen politischen Lösungen liefern können, dann ist es an der Zeit die Schuldkomplexe, die die beiden Komponenten dieses Begriffes des Nationalliberalismus mit sich bringen, über Bord zu werfen und in Richtung einer besseren Zukunft für alle zu schreiten.

Die Massenimmigration vornehmlich junger Männer hat alle Skeptiker befürchten lassen, dass die Beziehungen junger Männer untereinander schwieriger werden und auch der Status junger Frauen gegenüber Männern insge-

samt schwieriger wird. Dass beides in den Jahren danach
tagtäglich unübersehbar wird, gibt den Skeptikern recht.
Und diese beiden Beziehungsproblematiken werden in den
nächsten Jahren nicht entschärft werden – im Gegenteil.

Deutsche müssen sich gegen den Islam wehren. Der Islam möchte Ungläubige unterwerfen. Über viele Länder
ist ihm das auch schon gelungen. Wenn wir nicht aufpassen, dann wird es auch hier immer ungemütlicher.
In der Spandauer Wilhelmstadt z. B. bist Du als Deutscher – egal ob Protestant, Katholik, Atheist oder Hin-
du – in der Minderheit. Da musst Du schon hoffen, dass
die Muslime gnädig mit Dir sind. Einen Mann stört das
aktuell nicht weiter, aber die Mädchen, die überall unterwegs sind und sich immer mehr Ihre Köpfe verhüllen,
die tun einem zunehmend Leid. Ein wichtiger politischer
Punkt an dieser Stelle ist, dass es sich um eine Illusion
handelt, wenn man glaubt, man könne die islamischen
Bevölkerungsgruppen in Ihre Heimatländer abschieben.
Das hat noch nie funktioniert und das wird auch hier
nicht funktionieren. Das war jedem, der sich etwas mit
Geschichte vertraut gemacht hat ab September 2015 klar.
Diese Sachlage führt dazu, dass die kulturelle Auseinandersetzung mit dem Islam in nicht mehr langer Zeit und
auf neue Art und Weise geführt werden wird. Moham-
med ist 2018 der häufigste Vorname männlicher Neu-
geborener in Berlin. Diese Entwicklung ist schon lange
zu sehen. Immerhin zeigen arabische Länder selbst an,
wie man negativen Immigrationsdynamiken begegnen
kann, nämlich in dem man Ausländer, die keine legale
Arbeit nachweisen können, des Landes verweist. Davon
sind wir in Deutschland weit entfernt.

Ich verweise an dieser Stelle gerne auf die beiden Bücher von Sarrazin zu diesem Phänomen. Auch Houllebec darf an dieser Stelle gerne erwähnt werden. „Unterwerfung" ist eines der wenigen Bücher, die die Bedrohungsdimension des Islam gegen die christliche Zivilisation durchschimmern lassen können. Das Unreflektierte dieser Dimension in der deutschen literarischen Öffentlichkeit ist eine der intellektuellen Überraschungen der 10'er Jahre. Ich bin mir sicher, dass sich das in absehbarer Zeit ändern wird.

Anders herum, wenn diese Auseinandersetzung nicht geführt wird, dann werden wir sukzessive Minarette bekommen, die Glaubensinhalte für alle und das ausnahmslos vorbeten und in der Folge Kirchen und andere Jahrtausende alte deutsche Kulturgüter Stück für Stück in wenigen Generationen zurückgedrängt werden. Es wird nicht gegen Muslime oder sonstige Gläubige gehen. Alle Menschen sind uns willkommen. Aber wir haben uns vor dreißig Jahren auch mit dem Kommunismus auseinandergesetzt. Es wird Zeit, sich mit dem Islamismus auseinanderzusetzen. Der größte Kulturbruch besteht in der Schicksalssteuerungshoffnung der Christen gegenüber der Schicksalsergebenheit der Muslime. Dieses wirkt sich in vielen tagtäglichen Verhaltensweisen aus. Kleine sichtbare Beispiele dafür kann man tagtäglich unter anderen in den Feldern Verkehr, Geschlechterverhältnis oder Müllrecycling beobachten.

Im Sommer 89 öffnete Ungarn die Grenze, und es machte sich ein Strom Deutscher auf den Weg alle Grenzen zu sprengen – mit gutem Ausgang. Im Sommer 15 schließt Ungarn seine Grenzen, um einen Strom von Flüchtlingen von Afghanistan bis Niger aufzuhalten, nachdem zuerst in Libyen die ansonsten funktionierenden europäischen Außengrenzen außer Kraft gesetzt wurden. Im September 15 war die Bundespolizei zum ersten Mal machtlos in einem Zug von Budapest nach Berlin. Beide Immigrationsbewegungen werden ethnische Langzeitwirkungen mit unterschiedlichen Integrationskräften hervorbringen.

Raumordnung

Ein typisches Beispiel für Raumordnung bietet sich bei den Bundesländern Berlin und Brandenburg an. An Paris zeigt sich die Desorganisation Berlins. Paris hat 2.250.000 Einwohner. Alles andere außerhalb des Autobahnringes – in Berlin der A100/S-Bahnring vergleichbar – ist nicht Paris, sondern Montreuill, Ivry, oder anders. Für Berlin gälte das für Reinickendorf, Köpenick oder Spandau. Neben diversen raumordnungspolitischen Auswirkungen (Natur, Versiegelung, Budgethoheiten) würde das zuvörderst die Bildung eines wirklich schlagkräftigen Bundeslandes Brandenburg bewirken, dass dadurch gegen die Stadt Berlin ausbalanciert wäre.

Berlin ist 1920 durch einen Beschluss des preußischen Landtages mit knapper Mehrheit und in einer nicht voll besetzten Sitzung zu Großberlin gemacht worden. Neben vielen Dörfern und Gemeinden sind dabei insbesondere Reinickendorf, Köpenick und Spandau mit eingemeindet worden. Abgeordnete dieser eingemeindeten Orte haben sich zum Teil heftig gegen diesen Beschluss gewehrt. Nun gut, dieser Beschluss hat in den letzten hundert Jahren in allgemein bekannter vielfacher Hinsicht seine Eigendynamik entfaltet.

Trotzdem sei an dieser Stelle festgehalten, dass es für ein neu und wieder zu bildendes einheitliches Brandenburg gesünder wäre, wenn die Stadt Berlin sich auf alle Bezirke innerhalb des S-Bahnringes beschränken würde. Für ein wiedervereinigtes starkes und wichtiges Bundesland Brandenburg wäre es gut, wenn die Stadt Berlin die Gemeinden Reinickendorf, Pankow, Hohenschönhausen, Marzahn, Hellersdorf, Köpenick, Treptow, Rudow, Buckow, Mariendorf, Steglitz, Zehlendorf, Wannsee, Kladow, Gatow, Spandau und Tegel wieder in ihre Autonomien entlassen würde. Diese würden dafür sorgen, dass das bisherige Land Brandenburg massiv an politischem Gewicht gewinnen würde. Mit den so erreichten natürlicheren Kräfteverhältnissen zwischen Stadt und Land, ließe sich auch bei der nächsten Volksabstimmung ein positives Ergebnis für die Einheit Brandenburgs erreichen.

Verkehr

Der Verkehr soll funktionieren und nicht überreguliert werden. Ein Beispiel für Überregulierung ist die Einführung der Rettungsgasse auf Autobahnen. Der Standstreifen ist von allen freizuhalten und darf in Ausnahmefällen von Rettungsfahrzeugen und Polizei benutzt werden. Warum soll das nicht gerade grundsätzlich als Rettungsgasse genutzt werden. In weit überwiegenden Fällen gibt es den Standstreifen – und dort wo es diesen nicht gibt werden die Autofahrer automatisch so weit nach links rücken, dass das Passieren möglich ist. In England ist dieses Verfahren Gesetz. In Deutschland sollte das ebenfalls in die STVO geschrieben werden. Eine gleichzeitige Synchronisierung aller teilnehmenden Autofahrer ist in jedem Falle schwerer hinzubekommen, als die allgemeine Freihaltung des Standstreifens. Weitere Aspekte zu diesem Ressort sind in den Abschnitten Infrastruktur und Nationalliberale Marktkritiken zu finden.

Wissenschaft

Bildung ist in Deutschland aus sehr gut Gründen Ländersache und das soll in nationalliberaler Hinsicht auch so bleiben. Bundeshochschulförderung für die Länder ist deswegen kontraproduktiv. Wenn der Bund glaubt Hochschulen halten zu müssen, dann bitteschön. Auf eigene Rechnung im eigenen Budget. Aus den Landesförderungen und Kommunalförderungen für Hochschulen sollte der Bund sich heraushalten und gleichzeitig die Mittel, die dadurch eingespart werden, in Steuersenkungen umwandeln. Auch zu diesem Ressort sind weitere Aspekte im Abschnitt Nationalliberale Marktkritiken zu finden.

Bildung

Genauso ist Bildung Ländersache. Und das soll auch so bleiben. Bundesmittel wie zum Beispiel die Ausschüttungen durch den Digitalpakt gehören unterlassen, und untergraben in mehrfacher Hinsicht die Autoritäten der Länder und deren Kultusministerien. Man darf auch gerne jetzt schon die Prognose abgeben, dass der Digitalpakt kein Erfolg werden wird, denn die Mittel mit denen gelehrt wird können Bildung sicherlich immer so oder so erleichtern. Diese Mittel werden jedoch nie den eigentlichen inhaltlichen Sinn dessen, was gelehrt und gelernt wird, ersetzen. Für diese eigentlichen Zwecke der Bildung führt der Digitalpakt keinen Schritt weiter und wird – Schuld seines massiven Kapitaleinsatzes – mehr zu Verwerfungen und Ablenkungen von den tatsächlich zu leistenden Lehraufträgen beitragen. Wenn ein Kindergarten oder eine Schule glaubt, die Lehrmittelsituation durch Digitaltechnik zu verbessern, dann soll diese bitte immer selbst dieses Konzept entwickeln und die Geldmittel dafür bei seinen Trägern beantragen. Die Träger sollten dann weitere kommunale oder länderbezogene Unterstützungsleistungen beantragen, jedoch dieses immer im Budgetrahmen der Länder. Der Bund darf sich aus diesem Bereich sowohl bei den Inhalten als auch bei den Mitteln gerne heraushalten. Die Kultushoheit der Länder ist einer der großen Stärken unserer gewachsenen Nation.

Ein paar Worte an dieser Stelle zum Begriff Digital. Es ist interessant wie sich dieser Begriff im Bereich der Binär-,

Halbleiter-, Computertechnik oder wie immer man diese präziser bezeichnen möchte, durchgesetzt hat. Digital kommt aus dem lateinischen von Finger woraus auch der Wortsinn Zeigen abgeleitet wird. Zeigen, Hinweisen oder Deuten konnte man schon lange mit Bildern, Papieren, Karten, Büchern, Lesen und Schreiben. Das Digitale hat kein Exklusivrecht in der Elektrotechnik. Das Digital für alles Mögliche benutzt wird, ist im Allgemeinen nicht weiter von Bedeutung. Wenn dieser Begriff jedoch zu einem politischen Programm komprimiert und dieses Programm Digitalisierung von allen politischen Akteuren zu einer der zentralsten Aufgaben – neben Sicherheit und Ökologie – emporgehoben wird, und am Ende alle politischen Akteure undifferenziert damit positives Echo in der Öffentlichkeit erzeugen wollen, gerinnt das Ganze zu einer nebulösen Volksverdummung. Der Begriff Digitalisierung verschleiert, verdeckt, vermengt und verwirft das, um was es eigentlich geht, nämlich die richtigen Dinge zu tun, auch die technisch richtigen Dinge zu tun, sicher auch Computer im Schulunterricht einzusetzen – aber bitte nicht mit so einem diffusen Begriff wie Digitalisierung, der bei konkreten Anwendungen wenig weiterhilft. Aus nationalliberaler Sicht werden die groß aufgelegten Digitalprogramme mehr oder weniger das verfehlen, für die sie eingesetzt sind, nämlich die Bildungsinhalte, die Lernfähigkeit und den Wissensschatz der Auszubildenden zu vermehren. Diese Zwecke können sicherlich auch durch gute Lehrtechnik gefördert werden, aber dann bitte mit klaren Begriffen dafür.

Umwelt

Die grüne Partei, der BUND oder der Autor Nico Paech versuchen mit komplexen Handlungsanweisungen, die Fragen aufwerfen und schlechte Gewissen in der Bevölkerung produzieren, Umweltziele zu erreichen. Dabei sind die zu ergreifenden Maßnahmen einfach und überschaubar. Wenn zum Beispiel das Spurenelement CO2 in der Atmosphäre gesenkt werden soll, dann ist doch das Allererste die richtige Preisansetzung. Diese ist immer das erste, vernünftige und natürliche Mittel der Wahl, um Knappheit zu berücksichtigen.

Bei den verschiedenen Einflussfaktoren stehen die Treibstoffe für den Verkehr ganz oben auf der Liste. Warum wird der Treibstoff für PKWs immer noch zigmal so hoch belastet wie der Treibstoff für Flugzeuge. Das macht klimatechnisch überhaupt keinen Sinn. Auf beide Treibstoffe sind Umsatzsteuern in gleicher Höhe anzusetzen. Dann lösen sich in diesem Bereich die allermeisten Klimaaufgaben von ganz allein. Stattdessen werden von den BUND Experten schlechte Gewissen eingeredet und flächendeckende Verhaltensänderungen propagiert. Das ist sicherlich schon oft versucht worden, jedoch flächendeckend noch nie gelungen, weil das Leben eben kein Wunschkonzert ist, und die individuellen Präferenzen unterschiedlichsten Gewichtungen unterliegen – mit Recht. Also über Preise regelt man so etwas. Der CO2-Fußabdruck von 2 Personen, die von Berlin nach München entweder mit Auto oder mit Flugzeug unterwegs sind, unterscheidet sich. Und zwar ist der CO2-Fußabdruck beim Flug doppelt so groß. Wenn ein Staatsverantwortlicher nun also das angemessene CO2 Verhalten erreichen möchte, dann wäre er gehalten, die Umsatzsteuer auf Flugzeugtreibstoffe doppelt so hoch zu machen als auf PKW-Treibstoffe. Wenn man CO2-Verbrauch reduzieren will, dann kann ein Nationalstaat das so machen – ohne weiteres.

Inwiefern man das internationalisieren kann, das ist eine andere Frage. Aber immer eines nach dem anderen. Man kann so noch eine ganze Reihe weitere CO2-Regulierungsmaßnahmen ansetzen, und so zügig einen atmosphärisch ausgewogenen CO2 Haushalt erreichen. Das ist nationalliberale Umweltpolitik. Kein allgemein angesetzter und womöglich noch polizeilich durchgesetzter neuer Verhaltenskodex in jedem Lebensbereich.

Freizeitangelegenheiten

Neben den hier explizit aufgelisteten innenpolitischen Feldern verbleibt immer noch eine große Restmenge an Feldern des sonstigen Zusammenlebens. Diese können unter vielen anderen den Tourismus und den Sport betreffen. Alle Felder, die hier betroffen sind, können im Ressort Innenpolitik unter dem Sammelbegriff Freizeitangelegenheiten zusammengefasst werden. Auf diese Weise bleibt kein gesellschaftlicher Aktionsbereich politisch unberücksichtigt.

Zu Freizeitangelegenheiten gehört der Sport. Dieser kann auf Jahrhunderte lange Erfahrungen der Vereinskultur gründend, seine Vorlieben im freiheitlichen System ausleben. Es gäbe nicht viel weiteres Politische dazu zu sagen, wenn nicht der Globalismus auch in diesem Gesellschaftssektor seine Blüten treibt. Der Sport wird sich auch in Zukunft weiter zu organisieren wissen. Jedoch soll hier gerne erwähnt werden, dass das Chancengleichheitsprinzip in den beiden nationalen Topligen der Sportarten Fußball und Basketball ins Wanken gerät. Warum? In diesen beiden Sportarten sind in den letzten Jahren teilweise deckungsgleiche Ligen auf europäischer Ebene entstanden. Nur die besten Vereine der jeweiligen Nationalligen erwerben, die Ansprüche gleichzeitig in der europäischen Liga mitzuspielen. Das führt grob gerechnet zu einer Verdoppelung des Umsatzes bei diesen wenigen ausgewählten Vereinen. Das wird über kurz oder lang zu einer völligen Schieflage in den Nationalligen führen. Europäische Pokalwettbewerbe, wie es diese Jahrzehnte lang gab, würden diese Schieflagen nicht erzeugen, weil sich potentiell Jahr für Jahr jeder Verein angefangen bei der Kreisklasse für die Pokalrunden auf den nächst höheren Ebenen bis hinauf zur europäischen Ebene qualifizieren könnte. Das lässt immer wieder Raum für neue Kräfteverhältnisse.

So wie Vereine sich in Deutschland für eine Liga entscheiden und qualifizieren müssen, so müsste dieses nach dem Chancengleichheitsprinzip auch auf europäischer Ebene seitens der Verbände geregelt werden. Ein Verein sollte auch hier nur in einer Liga spielen können, entweder in einer europäischen oder in einer nationalen

Liga. Das wäre für alle betroffenen Vereine chancengerechter. Man kann nach Europa aufsteigen und aus Europa absteigen, so wie dieses sonst bei allen nationalen Ligen innerhalb des DFB und des DBB auch stattfindet.

Sicherheit

Eine weitere Grundaufgabe der Innenpolitik ist Herstellung von Sicherheit. Sicherheit entsteht durch Liebe, Vertrauen, Unterstützung, Hilfe, Verlässlichkeit und vieler weiterer moralischer Gemeinschaftsattribute mehr.

Die autonome Gewalt wird seit Westberliner 80er Jahren von vielen Organisationen (Linke, Grüne, SPD, FC St. Pauli) zumindest geduldet und somit im Grunde von uns allen. Das Gewaltmonopol ist vor dieser kampfbereiten Gruppierung zurückgewichen. Als Legitimation reicht dieser Gruppierung Antifaschismus und Antikapitalismus. Im Ergebnis darf man sich nicht wundern, wenn es beim G20 Gipfel in Hamburg zu Bürgerkrieg ähnlichen Verhältnissen kommt.

Anfang des Jahrzehnts entwickelte sich – maßgeblich angefeuert von der EU Freizügigkeitsregelung – eine massive Zunahme an Wohnungseinbrüchen, begangen nicht nur, jedoch aber zunehmend durch osteuropäische organisierte Kriminalität. Auch hier darf zuversichtlich stimmen, dass die Sicherheitsbehörden geeignete Maßnahmen entwickelt haben, um diese Entwicklung wieder zurückzudrängen. Bei dem Thema Bandenkriminalität, bei dem neben osteuropäischen Einflüssen zunehmend orientalische Einflüsse passieren, steht eine erfolgreiche sicherheitspolitische Entwicklung noch aus. Man darf hier dennoch auch hoffnungsvoll sein. Diese beiden Reaktionen auf unterschiedliche Kriminalitätsentwicklungen zeigen, dass es einer Nation durchaus möglich ist auf neue negative kulturelle Entwicklungen angemessen zu reagieren.

Das wirksamste Mittel gegen Kriminalität ist immer noch der sofortige Strafvollzug und das auch bei Kleinstkriminalität. Ohne damit den Rechtsstaat außer Kraft zu setzen, konnte man dieses Phänomen überall dort auf der Welt bestätigt bekommen, wo dieses angewendet wird. Als Beispiel seien hier die Vereinigten Arabischen Emirate genannt.

Es findet ein Gewaltverbrechen statt. Jemand von Polizeigewerkschaften wird dazu interviewt, was die Polizei an sich so frei gar nicht kann. Der Polizeigewerkschafter ruft nach mehr Polizisten, damit die Sicherheit besser gewährleistet wird. Das ist ein dauerhaftes Mantra, was aus nationalliberaler Sicht ganz bestimmt nicht funktioniert. Jeden Samstag darf man sich auf deutschen Fußballplätzen ein kleines Beispiel dafür anschauen. Je quantitativer Sicherheitsmaßnahmen stattfinden, desto schwieriger ist es für die Sicherheitsverantwortlichen, Pyrotechnik während eines Fußballspieles zu verhindern. Eine größere Menge an Sicherheitspersonal sorgt nicht automatisch für mehr Sicherheit. Diese Unabhängigkeit von quantitativen Sicherheitsmaßnahmen in Relation zur tatsächlichen Sicherheit zeugt von der Falschheit der These, dass mehr Sicherheitsbeamte automatisch mehr Sicherheit mit sich bringen.

Subsidiarität

Forderungen nach Subsidiarität hört man von allen Parteien in jeder besseren Sonntagsrede. Politische Prozesse sollen dort stattfinden, wo diese am nächsten am Bürger sind. Diese können dementsprechend auf der Kommunal-, Regional-, National-, Multinational- oder der Globalebene geregelt werden. Das ist schön und gut, führt in der politischen Praxis der letzten Jahrzehnte jedoch nur dazu, dass sich die politischen Prozesse immer mehr verwischen. Das geschieht aus einem einfachen Grund. Bei einer Verlagerung von einer Ebene auf die andere will die eine Ebene ihren Einfluss auf den jeweiligen politischen Prozess nicht aufgeben. Im Ergebnis führt das dazu, dass am Ende niemand richtig zuständig ist oder gar für einen politischen Prozess die klar abgrenzbare Verantwortung trägt. An dieser Stelle setzt das nationalliberale Credo ein: Ein politischer Prozess gehört auf eine einzige Ebene. Und diese ist dafür voll verantwortlich und die Vertreter dieser Ebene werden unter anderen eben für diese Politprozessleistung gewählt oder nicht gewählt. Nehmen wir das Beispiel Schulen. Es gibt sicherlich für jede Politebene Gründe, die Politprozesse dafür auf der jeweiligen Ebene anzudocken. Bessere oder Schlechtere. Aussichtsreichere oder Verhängnisvollere. Man kann die Schulpolitik dem Bund geben und diesem die volle Verantwortung geben. Den Ländern könnte man nur Exekutivaufgaben lassen. Wenn der Bund ein milliardenschweres Digitalpaket auf den Weg bringt, dann soll der Bund bitteschön auch die Verantwortung für die Schulpolitik insgesamt übernehmen. Ansonsten gibt es nur Durcheinander und Unverantwortlichkeiten. Wenn der Bund diese Verfassungsänderung ablehnt, dann soll er sich aus konkreten Schulpolitmaßnahmen heraushalten. Wenn Schulpolitik Ländersache ist, dann bitteschön hat dieses aus nationalliberaler Sicht auch zu 100 % in den Ländern stattzufinden. Und wenn Kommunal-, Bundes- oder Europapolitiker der Meinung sind, dass Schulen zu wenig Mittel für bestimmte Bereiche haben, dann müssen diese eben zusammen mit den Länderpolitikern verhandeln, wie diese zu mehr Steuermitteln im Gemenge Kommune, Land, Bund oder EU kommen können. Die 100 % Verantwortung muss jedoch auf einer Ebene – hier beim Land – bleiben, damit die Politprozessleistung messbar, vergleichbar, wählbar und abwählbar bleibt, mit einem Wort: verantwortlich bleibt.

NATIONALLIBERALE WIRTSCHAFTSPOLITIK

Die Wissenschaft der Nationalökonomie ist in der veröffentlichten Meinung in Verruf gekommen. Neben Marx, werden auch Smith, Ricardo, Keynes oder Schumpeter wieder mehr in den Fokus rücken, weil man auf die Erkenntnisgewinne der Nationalökonomie nicht verzichten kann. Unabhängig von den Verleugnungen nationalökonomischer Erkenntnisgrundlagen gegenwärtiger Wirtschaftspolitiker in der SPD und in der Linken, werden diese Erkenntnisse deshalb nicht falsch. Im Gegenteil, die Verleugnung durch Schlagworte wie "fehlgeleiteter ewig gestriger Neoliberalismus" wird sich gegen die Erkenntnisse der wissenschaftlichen Nationalökonomie zu behaupten haben – und ich stelle hier die Behauptung auf, dass die Verleugnung der Nationalökonomie scheitern wird.

Individuen handeln über Märkte. Das ist die zentrale Wahrheit jeglichen wirtschaftlichen Handelns. Dieser Satz ist von so elementarer Bedeutung, dass dieser sowohl zeitlich als räumlich unabhängig ist. Er gilt Apriori, also vor allem was passiert. Jede Einschränkung oder gar Abschaffung von Märkten und jede Einschränkung oder Enteignung von Individuen steht diesem Grundgesetz jedes wirtschaftlichen Handelns entgegen und muss in jedem Einzelfall äußerst gut begründet werden. Warum Wirtschaft bei Einschränkung dieses Kernsatzes an Leistungskraft verliert und warum Volkswirtschaften bei völliger Neutralisierung dieses Satzes, sprich

Abschaffung der Märkte bis dato durchweg gescheitert sind, das erklärt sich immanent aus diesem Satz. Die vernünftige Schaffung und Verteilung wirtschaftlicher Güter – und gerade der wirtschaftlichen Güter wie Gesundheitsleistungen, Nahrungsmittel oder Wohnungen – wird am besten gelingen, wenn diesem allerersten wirtschaftlichen Grundsatz der nötige Grundrespekt entgegengebracht wird. Über diesen allerersten Grundsatz und allem, was daraus folgt, sind natürlich schon ganze Bibliotheken vollgeschrieben worden. Es sei an dieser Stelle dennoch auf das allerwichtigste Argument verwiesen, warum die wirtschaftliche Effizienz nachlässt, je mehr man sich von diesem Grundsatz entfernt. Es ist schlichtweg der Umstand, dass damit die Faulheit belohnt wird. In einem komplett kommunistischen System wird immer derjenige bestraft, der mehr leistet und immer derjenige belohnt, der maximal die Leistungserstellung umgehen kann – sprich, so faul wie eben möglich ist. Es gibt im Kommunismus eben keine freien Individualwirtschaftsakte mehr, genau so wenig wie alternative Marktoptionen. Jegliches wirtschaftliche Handeln wird durch einen zentral gesteuerten Plan festgelegt. Der Kommunismus blieb im 20. Jahrhundert nicht nur eine Utopie, sondern wurde bekanntermaßen durch die Anhänger der Utopie des Wirtschaftens aus selbstloser Nächstenliebe in das grandioseste Scheitern aller jemals unternommenen Wirtschaftsprojekte geführt. Und natürlich wirkt das bis heute nach.

In Deutschland favorisieren in unterschiedlicher Stärke die Linke, die Grünen, die SPD und in großen Teilbereichen seit der Parteiübernahme durch Angela Merkel sogar die CDU die präkommunistischen Ideen des Sozialismus, der bekanntermaßen den Weg hin zum perfekten Sozialismus weisen soll. Diese immer noch in der allgemeinen politischen Korrektheit in Deutschland vorherrschenden Annahme, das im Zweifel eine sozialwirtschaftliche Lösung einer marktwirtschaftlichen Lösung vorzuziehen ist, bildet den Kern für die immer schwächer werdende SPD und in deren Folge auch der CDU. Die Linke bleibt trotz dieser Haltung wegen Ihrer besonderen Klientel stabil, kommt wegen dieser Haltung jedoch nicht voran. Bei den Grünen, die von Ihrer Spitze abwärts immer noch elementar den Thesen von Karl Marx Respekt zollen, wird diese kontraproduktive wirtschaftspolitische Haltung gerade nicht zum Verhängnis, weil aktuell die Umweltpolitik alles andere in den Hintergrund drängt. Das wird sich aber dann schnell ändern, wenn dem Volk deutlich wird, das wir nicht dem ökologischen Ende entgegen gehen, sondern dass es zum Glück ziemlich schlichte Maßnahmen gibt, um die Ökologie wieder in Ordnung zu bringen. Was das noch gravierendere Problem Ü betrifft, werden die Maßnahmen sicherlich nicht schlicht sein, jedoch trotzdem machbar, wenn man sich über die politischen Alternativen dazu klar geworden ist. Immerhin gibt es zum Thema Ü ja erfolgreiche politische Konzepte, die in ganzen Subkontinenten schon unter Beweis gestellt worden sind.

Produktionsfaktoren

Die elementaren volkswirtschaftlichen Produktionsfaktoren werden in der Nationalökonomie in Arbeit, Boden und Kapital unterteilt. Die volkswirtschaftlichen Produktionsfaktoren sind in Breite und Tiefe variabel interpretierbar, jedoch ist es für die weitere Analyse wichtig den Kern der Bedeutungen dieser Faktoren festzuhalten.

Arbeit

Arbeit gewinnt an Leistungskraft durch individuelle Arbeitsfertigkeiten, durch die Arbeitsteilung, durch den Einsatz sich immer verbessernder Produktionsmittel und durch die Einbettung in eine gesellschaftlich entwickelte Umwelt. Diese Leistungskraft steigert sich in kleineren oder größeren Unternehmen, vom Einzelunternehmen bis zum multinationalen Konzern. Die Bildung dieser Unternehmen unterliegen den Produktions- und den jeweiligen Marktbedingungen und müssen sich dabei im allgemeinen Fortschritt bewähren. Dieses Umfeld der Arbeit lässt die Interessen der Arbeiter, die nicht Unternehmer, sondern für Unternehmer arbeiten – also Arbeitnehmer sind – über Zeiten und über Fortschrittssituationen in den Rückstand geraten. Deshalb ist es in arbeitsteiligen modernen Volkswirtschaften so wichtig, dass sich nicht nur Unternehmer in Ihren Märkten maximal organisieren, sondern auch die Arbeitnehmer zusammenhalten. Die Arbeitnehmer müssen sich organisieren, weil auch sie sämtliche Ihrer Interessen nur gemeinschaftlich wahrnehmen können. Dieses tun in Deutschland gemeinhin zentral die Gewerkschaften. Die Gewerkschaften sind deshalb national wichtig und in einem liberalen Wirtschaftssystem ein integraler Bestandteil. Sie sorgen dafür, dass das Gewicht der Arbeitnehmer gegenüber den Unternehmern balanciert bleibt und im Kontext gegenüber allen Körperschaften des Wirtschaftsprozesses behauptet werden kann.

Boden

Der Faktor Boden hat als der Faktor der knappen Vorbedingungen des Wirtschaftens im Zeitablauf seit dem 18. Jahrhundert über die Menge des Bodens mit dessen verfügbaren Rohstoffen (über oder unter Tage) hinaus die Qualitäten weiterer knapper Umweltressourcen zu berücksichtigen. Diese weiteren Umweltressourcen betreffen in aktueller Perspektive im wesentlichen Wasser, Atmosphäre und natürliche Vegetation. Die natürliche Vegetation wird als CO_2-Absorbierer gerade in diesem Jahrzehnt eine wichtigere Rolle im Rahmen des volkswirtschaftlichen Produktionsfaktors Boden bekommen. Den Faktor Boden muss man im modernen Kontext als Faktor Umwelt etwas allgemeiner fassen.

Wirtschaften, Haushalten oder Sparen handelt immer von Knappheiten. Knappheiten bestimmen alle Existenzen und auch die menschliche Existenz von Anbeginn an. Knappheiten können Raum, Feindlosigkeit,

Wasser, Nahrung, Arbeit, vieles andere und eben auch Klima bedeuten. Klima ist zu Beginn dieses Jahrzehnts in den Mittelpunkt gerückte Knappheit in der veröffentlichten Meinung. Ob es sich tatsächlich um eine gewissermaßen gefährdende Knappheit handelt, darüber lassen sich ohne große Probleme sehr viele sich widersprechende Argumente austauschen. Wahr ist, dass seit der industriellen Revolution der menschlich verursachte CO_2 Einschuss in die Atmosphäre die CO_2 Herausnahme überwiegt – und zwar um einen Faktor, der sich zwischen 2 % und 3 % des gesamten CO_2 Stoffaustausches bewegt. Es geht hier nicht um eine Biochemisch-physikalische Abhandlung. Es soll dafür nur festgehalten werden, dass es sich beim CO_2 Haushalt um sehr komplexe Interdependenzen handelt, mit sehr vielen verschiedenen Faktoren, zu denen der Mensch nur einen kleinen Faktor beiträgt. Dieser Faktor ist zwar klein, kann deshalb trotzdem den berühmten Unterschied ausmachen. Aber – bitteschön in beide Richtungen. Der Mensch kann mit seinen Produktionsmitteln genauso für die Abnahme des CO_2 Anteils in der Atmosphäre sorgen, so wie er in den letzten 150 Jahren für die Zunahme gesorgt hat. Es sei an dieser Stelle nur daran erinnert welche Katastrophenszenarien in den letzten Jahrzehnten die vermeintlichen Knappheiten von Erdöl, Ozon oder Wasser hervorgerufen haben. Diese Knappheiten galten gewissermaßen als unausweichlich, wenn nicht sofort das Verhalten jedes Einzelnen geändert worden wäre. Neue Moraleinstellungen wurden durch entstehende Knappheiten vermeintlich wissenschaftlich begründet.

Genau das erlebten wir gerade vor der EU-Wahl 2019. Es gab keine öffentliche Stimme, am allerwenigsten in den Volksparteien, die das Problem auf das runterbrach, was es im Kern ist, nämlich ein Knappheitsproblem. Knappheitsprobleme lassen sich mit relativ übersichtlichen Mitteln beherrschen. Das menschliche Verhalten bezüglich der Nahrungsaufnahme, des Wohnens, des Energieverbrauches oder des Entsorgens mit Verboten zu verändern gehört nicht zu diesen Mitteln. Man muss nicht jedem Individuum eine neue Moral auferlegen und man muss nicht jeden Markt, in dem die Individuen handeln, regulatorisch überstrapazieren. Man muss bei dem Thema Klimapolitik schlicht die richtigen politischen Maßnahmen nehmen, um den kleinen Anteil menschengemachter Überbelastung in eine menschengemachte Gleichbelastung oder sogar in eine menschengemachte Unterbelastung zu bringen. Ich nenne hier nur die wichtigsten Faktoren, mit denen auf diesem Feld in relativ kurzer Zeit von vielleicht einer Dekade eine solche Trendwende erreicht werden kann, wie diese in den 1850er Jahren durch die Einsetzung der Dampfmaschine erreicht worden ist. Die großen Erfolge der Dampfmaschine und allem was dieser industriell gefolgt ist, in Bezug auf die Entwicklung des menschlichen Wohlstandes muss ich an dieser Stelle nicht genauer formulieren. Klimapolitische Aspekte einmal ausgeklammert, kann die industrielle Massenproduktion angefeuert durch Kohle-, Öl- und Gasverbrauch jedenfalls gewaltige Wohlstanderfolge vorweisen. Nun, was sind die Faktoren zur Reduzierung des $CO2$ Anteils, der aktuell bei ca. 0,004 % je atmosphärischer Lufteinheit liegt? Optimal für Pflanzen wären nebenbei bemerkt ein Anteil von 0,006 % des $CO2$ je atmosphärischer Lufteinheit.

Ich nenne diese Faktoren, ohne deren Effizienzen und Nebenwirkungen zur Beseitigung des CO2-Problems im Einzelnen durchzuformulieren. Sie alle können, jeder Faktor für sich und sicherlich alle Faktoren im Zusammenspiel, für eine zügige Lösung des CO2-Problems genutzt werden:

1. Desertec.
2. Atomkraft.
3. Kultivierung CO2 absorbierender Pflanzen.
4. Adäquate und gleichmäßige CO2-Besteuerung aller CO2-Verbräuche, unabhängig davon, ob diese von Industrie, Landwirtschaft oder Konsumenten verursacht werden.

An dieser Stelle muss nur auf zwei der groteskesten Fehlverteilungen bei CO2-Besteuerung hingewiesen werden, nämlich der Steuerbefreiung von Kerosin für den Flugverkehr und der Steuerförderung für die landwirtschaftliche Viehhaltung.

5. Der nächste Faktor zur CO2 Beherrschung ist die Überbevölkerungseindämmung Ü, das durchgängige Generalproblem, ohne deren Bewältigung die Erhaltung der Lebensgrundlagen und somit auch des Klimas nicht möglich sein wird. Ü ist die zentrale Triebfeder des Nationalliberalismus.
6. CO2 Deponierung unterirdisch.

Mit diesen 6 Faktoren allein ließe sich zuerst die Trendwende und schließlich eine Umkehrung der CO2 Problematik erreichen. Es muss nur politisch definiert und umgesetzt werden, national genauso wie international. Der Mensch ist dazu in Lage. Das hat er oft genug bewiesen. Also, es gibt keinen Grund zur Panik. Es gibt keinen Grund das gesamte Bundesgebiet mit Windkrafträdern weiter voll zu pflastern. Es gibt keinen Grund jedes jetzt schon massiv und solide gebaute Haus mit einer Extrawärmedämmung zu versorgen, deren tatsächliche Effizienz im marginalen Bereich bleibt und selbst wieder Ressourcen kostet. Es gibt auch keinen Grund immer mehr zu arbeiten, um sich irgendwelche kleinteiligen klimawirksamen Vorteile zu verschaffen, wie z. B. Solardächer über den üblichen Ziegeln. Es kann nicht der Sinn sein, wegen irgendwelcher marginalen Zugewinne immer mehr zu arbeiten und Wachstum zu erzeugen – anstatt sich um das Leben an sich zu kümmern.

Vor 200 Jahren taten denjenigen, die sich dem Leben an sich widmen konnten, diejenigen, die für Ihren Lebensunterhalt arbeiten mussten, noch Leid. Heute gilt der allgemein umgekehrte Vorsatz. Wer nicht arbeitet, am besten Vollzeit und sich stattdessen dem Leben an sich widmen könnte, der gilt von Vorhinein als Unglücksperson. Natürlich möchte die moderne Frau nicht unglücklich werden und scheint durchgängig mit aller Macht bestrebt, genauso viel zu arbeiten, wie Männer und nach Möglichkeit auch noch genauso erfolgreich. Dieses würde in der Aufholphase der Arbeitseffizienz zwangsläufig dazu führen müssen, dass Frauen mehr arbeiten müssten als Männer. Ob die Frauen das insgesamt so wollen? Wenn sie den Lohn des Erfolges ohne Mehrarbeit erreichen möchten, dann würden sie Geschenke wollen. Ob sie die in Ihrer Gesamtheit erwarten, darf auch gerne infrage gestellt werden.

Kapital

Der volkswirtschaftliche Produktionsfaktor Kapital unterscheidet sich zuerst in Real- und Nominalkapital. Realkapital lässt sich in der Praxis mit dem Begriff Produktionsmittel gleichsetzen – Nominalkapital mit Geld.

An dieser Stelle darf man gerne mit dem eingebürgerten Schimpfwort des Kapitalismus aufräumen. Dieser Begriff wird zuletzt nicht nur gerne von den Linken, sondern auch wieder von den Grünen und der SPD negativ ins Spiel gebracht. Das tiefe Unbehagen der deutschen Bevölkerung dabei kann man auch in den schwachen Umfrageergebnissen der Linken und der SPD widergespiegelt sehen. Die Grünen können diesen Trend mit Ihrem Ökologismus verdecken, würden jedoch bei Übernahme von Regierungsverantwortung auch in die Falle des von ihnen angenommenen Monstrums „Kapitalismus“ laufen. „Wert“ reicht. Man muss das Wort nicht auch verunglimpfen – so wie das Wort Arbeitslosengeld II mit „Hartz4“, was mehr über all jene aussagt die das Wort „Hartz4“ benutzen, als das, für was der Begriff ALG II steht, nämlich ein Element einer effizienten Arbeitsmarktregulierung.

Also Wert: Natürlich entsteht Wert, wenn man den Lohn aus seiner Arbeitskraft zusammenrechnet, wenn man mit dem Lohn seiner Arbeitskraft Grundstück, Wohnung und Einrichtung erworben hat, wenn man kraft seines familiären Zusammenlebens Nachkommen heranwachsen lässt, wenn sich Gemeinden, Länder und Nationen bilden, die gemeinsam die gesamte Wertschöpfung betreiben, und natürlich entstehen Werte in den Unternehmen, die durch Einsatz von Arbeit, Produktionsmitteln, Erspartem und Geschütztem entstehen. Das kann man beliebig weiter deklinieren. Es entsteht „Wert" oder bitteschön „Kapital". Das ist aber an sich nichts Gutes oder nichts Schlechtes. Es ist einfach so. Es ist ein Ergebnis des Wirtschaftsprozesses, ohne den dieser keinerlei Sinn machen würde. Es macht also überhaupt keinen Sinn gegen das Kapital zu sein, weil dieses sowieso da sein wird – ob man dieses abschaffen wollte oder nicht. Genauso wenig wie übrigens Wohnungsbaugesellschaften. Die kann man auch nicht abschaffen. Wenn die einen Wohnungsbaugesellschaften abgeschafft werden, dann entstehen automatisch neue Wohnungsbaugesellschaften anderer Couleur, und ob die das besser machen, als die, die sich über Jahrzehnte am Markt behauptet haben, das darf man mehr als bezweifeln.

Nein, das bringt es alles nicht. Das Problem entsteht dann, wenn das Kapital bezogen auf Personen ungleich verteilt ist, und diese Personen dann dieses Kapital diskriminierend nutzen, wie zum Beispiel durch ausbeuterische Arbeitsverhältnisse. Dagegen wird etwas unternommen werden. Dafür gibt es Gewerkschaften, Gerechtigkeitsordnung, die politisch entwickelt wird, Gesetze die – neben den Märkten – diese „Kapitalisten" in ihrer Wirkmächtigkeit einschränken. Dafür kann es eine nationalliberale Politik geben, die diese Personen mit Übermaß an Wertbesitz in den nötigen nationalen Kontext einbinden und ihrem gesellschaftlichen Umfeld die Freiheiten belässt, die alle Individuen und Gruppen darin benötigen. Das ist es, worum es geht, Bürgern zu helfen und Bürger zu verpflichten. Die meisten Bürger helfen und verpflichten sich. Es wird mit Sicherheit immer Bürger geben, denen geholfen werden muss und es wird immer Bürger geben, denen nur Verpflichtungen auferlegt werden müssen. Es wird immer Bürger geben, die mehr oder weniger Wert angesammelt haben. Um diejenigen geht es, nicht um Kapital. Nicht um abstrakte Verallgemeinerungen. Jedes groß angesetzte Kapital, das gerne von Soziologen ins Feindspiel eingebracht wird, lässt sich auf Personen runterbrechen. Um diese geht es. Wenn diese mit Ihren Werten im Kontext nicht angemessen umgehen, dann muss gehandelt werden. Nicht aber gegen einen abstrakten Feind namens „Kapital". Damit machen sich alle, die das versuchen, nichts anderes als das Leben schwer. Verzichten wir besser darauf.

Produktionsmittel

Die Produktionsmittel unterliegen dem ständigen Fortschritt und den Bemühungen fortlaufender Produktivitätssteigerung. Verhindert werden kann das nur durch Verstaatlichung/Enteignung – was in der Vergangenheit erfahren werden durfte und was in der Zukunft auch wieder schlechte Ergebnisse liefern würde. Produktionsmittel gehören in Eigentumsrechte, sie gehören in Märkte, sie können sich auf Dauer nicht regionalisieren und Sie dienen den Menschen, den Tieren und der Umwelt. Deswegen gehören Sie aus verschiedener gesellschaftlicher Hinsicht geregelt, um diesen Zweck zu wahren. Unreguliert laufen eigentumsgesteuerte Produktionsmittel Gefahr sich zu verselbstständigen und die Zwecke zu vernachlässigen. Die Produktionsmittel dienen zwar immer immanent auch den angeführten Zwecken, können jedoch unreguliert in Ihren Zweckerfüllungen zu Diskriminierungen führen. Dieses ist eines der wichtigsten Begründungen für die Etablierung der „sozialen Marktwirtschaft", die in dieser Hinsicht der Ausbalancierung der Produktionsmittel hin auf Ihre Zweckdienlichkeiten in Gänze den wirtschaftlichen Ideen des Nationalliberalismus entspricht.

Infrastruktur

Die größten wirtschaftspolitischen Fehler werden aus nationalliberaler Sicht in Hinblick auf die Regulierung der Produktionsmittel beim Produktionsmittel Infrastruktur gemacht. Die Entwicklung der Produktionsmittel findet immer in Märkten statt. Das Thema Märkte wird weiter unten konkretisiert. Hier nur so viel dazu: Jeder Markt braucht Ordnung. Selbst wenn es keine Ordnung gäbe, würden sich zusammenschließende Marktteilnehmer immanent und in kürzester Zeit Ordnung geben. Mit der Literatur, wie diese Marktordnungen entstehen, kann man Bibliotheken füllen. Wissend also, dass Markt und Ordnung die beiden Seiten einer Medaille sind, ist es für jede politische Strömung unentbehrlich, an dieser Stelle Grundhaltungen zu entwickeln, so wie dieses zum Beispiel die Kommunisten unmissverständlich tun. Die nationalliberale Grundhaltung in Bezug auf Marktordnungen wird im Verlaufe des gesamten Buches deutlich und wird hier am Beispiel des volkswirtschaftlichen Produktionsmittels Infrastruktur exemplarisch verdeutlicht. Grundsätzlich ist der Nationalliberalismus immer für freie Märkte, die alle auf einen klaren regulatorischen Kontext auf lokaler, regionaler, nationaler und internationaler Ebene vertrauen dürfen. Zur aktuellen Infrastruktur in Deutschland:

Straßen und Wege

Diese Infrastruktur funktioniert im Grunde gut in Deutschland. Die Aufteilung in Bundes-, Landes- und Gemeindestraßen funktioniert und ist in der Finanzierungs- und Aufgabenzuteilung klar geregelt. Die Priorisierung zwischen a) Fußgängern, b) Fahrradfahrern und c) Autofahrern sowie aller restlichen Verkehrsteilnehmer, die sich mit Ihren verschiedenen Verkehrsmitteln neben diesen drei Kernbereichen bewegen, ist nach der Auto Favorisierung sicherlich anpassungsfähig. Aktuell gilt das bei den Landes- und Kommunalstraßen insbesondere in Richtung Fahrrad. Jedoch wird aus nationalliberaler Sicht festgestellt, dass das Infrastruktursystem insgesamt funktioniert. Die EU hätte in dieser Struktur wirkungsmächtige Chancen gehabt, die sie jedoch nicht nutzen konnte. So spielen die Europastraßen in der Straßenlandschaft keine relevante Rolle mehr. Europaradwege finden dem gegenüber mehr Beachtung.

Insgesamt sind aus nationalliberaler Sicht zu viele Budgetmittel in diesem Infrastrukturbereich verfügbar. Anders lässt es sich nicht erklären, dass die ganze Bundesrepublik im Grunde eine einzige Dauerbaustelle ist. Sicherlich muss immer wieder abgerissen, renoviert und neu gebaut werden, jedoch wenn auf der A2, A4 und A9 zum Beispiel innerhalb von drei Jahrzehnten strecken- weise mehrfach komplett die Fahrbahndecke neu ge- macht worden ist, und damit hunderte Kilometer lang dauerhafte Verkehrseinschränkungen erzeugt wurden, dann kann dieses nur mit einem Übermaß an Geldmit- teln der verantwortlichen Behörden zusammenhängen. Die Bauindustrie kann nicht so schlecht sein – zumal diese übernational unterwegs ist. Kein Privatmann wür- de seinen privaten Zufahrtsweg dreimal innerhalb von 3 Jahrzehnten neu machen lassen – auch wenn dieser bautechnisch vielleicht nicht optimal gelungen ist. LKWs und PKWs sind so gebaut, dass diese auch auf Straßen mit etwas weniger Qualität ihre Fahrleistungen erbringen können. Mit weniger Geldmitteln in diesem System, mit gezieltem sorge gerechten Umgang mit den Geldmitteln trüge dieses System zukünftig dazu bei, dass die Steuer- und Abgabenlast der Bürger reduziert würde. Und diese Senkung der Steuer- und Abgabenlast ist aus national- liberaler Hinsicht elementar für das gesunde Verhältnis zwischen Bürger und Gemeinwesen.

Das bundesdeutsche Wasserstraßennetz ist ähnlich gut organisiert wie das Landesstraßennetz. Hauptsächlich in Bundesregie werden hier für Massengütertransport und auch für den Tourismus gute Grundvoraussetzun- gen geschaffen. Die wenigen privaten Wasserstraßen zeugen mit Ihrer Mangelhaftigkeit in der Regel davon, dass die Bereitstellung dieser Infrastruktur klugerweise beim Bund und bei den Ländern liegt.

Stromnetz

Bei dieser Infrastruktur wird es kritisch. Die Infrastruktur ist wegen diverser gewachsener Zuständigkeiten ein Sammelsurium und Durcheinander unterschiedlichster Zustände. Stromhändler in Deutschland haben es zum Teil mit kleinsten Stadtwerken oder zu anderen Teilen mit flächendeckenden Netzversorgern zu tun, um ihr Energiepaket über die letzten Meilen zum Kunden zu bringen. Tausende verschiedener Netzbetriebskalkulation werden Stromhändlern aufgebürdet und finden am Ende in überteuerten Abrechnungen beim Endverbraucher Niederschlag. Man stelle sich nur ganz kurz vor, wie das im Straßenverkehr wirken würde, wenn in jedem Land und in sehr vielen Gemeinden unterschiedlichste Straßennutzungsgebühren anfallen würden. Schlecht. Sehr schlecht. Umso merkwürdiger sei an dieser Stelle die Absicht der Unionsparteien vermerkt, den Autoverkehr in Deutschland mit Straßennutzungsgebühren zu belasten. Damit wird das ganze gut funktionierende Straßensystem in Teilen infrage gestellt. Aus nationalliberaler Sicht keine Option. Entweder sind Bund, Land und Gemeinden für die Straßen zuständig, dann bitte sollen sie diese aus ihren Mitteln gegenfinanzieren. Ansonsten sollten sie das privaten Betreibern überlassen. Wenn die Union Steuerhoheit, Straßenhoheit und dann noch dazu Gebührenhoheit bekommen möchte, dann ist das aus nationalliberaler Sicht zu viel. Die ersten beiden Elemente reichen völlig. Ähnlich sollte man im Stromnetz verfahren.

Die Stromversorgung teilt sich auf in Stromerzeugung, in den Stromhandel und in Stromnetzbetrieb. Diese drei

Segmente stehen jeweils für sich. In der Praxis gibt es hier in Deutschland ein großes Durcheinander, wo jede Obrigkeit und jeder Marktteilnehmer beliebig in allen drei Segmenten aktiv werden kann. Damit muss Schluss sein. Das Segment Stromerzeugung bleibt der privaten Marktwirtschaft mit seinen schlagkräftigen Unternehmen überlassen. Das Gleiche gilt für den Stromhandel. Das Stromnetz muss vollständig und eindeutig in öffentlicher Hand bleiben, und zwar in Bundeshand was die Überlandleitungen betrifft, in den Landeshänden, was Landesleitungen zur Versorgung aller Kommunen betrifft. Inwieweit Landesregierungen dann Kommunen (ab einer Einwohnerzahl von 100.000?) in den Stromnetzbetrieb mit einbinden, das bliebe Ihnen dann überlassen. Dieser gesamte Stromnetzbetrieb ist eine gemeinschaftliche staatliche Bereitstellung eines Netzsystems, dass jedem Erzeuger, jedem Händler und jedem Konsumenten zu gleichen Konditionen ermöglicht, dieses Netz zu nutzen. Dem per Erzeugung und Handel liberal bewirtschafteten Strommarkt wird somit die Grundlage bereitet, in optimaler Weise die Stromenergie – auch in Hinsicht auf ökologische Faktoren – bereitzustellen. Das Bund und Länder Dritte beauftragen können, Stromnetzbetriebe sicherzustellen, bleibt unbenommen. Die Verantwortung für den diskriminierungsfreien Stromnetzbetrieb bleibt in nationalliberaler Hinsicht immer beim zuständigen Staatsorgan.

Telekommunikationsfestnetz

Das Telekommunikationsfestnetz ist in nationalliberaler Hinsicht schlecht organisiert. Es gibt auch nach 2

Jahrzehnten der Einführung des Breitbandes für Telekommunikation noch immer kein flächendeckendes, alle Anschlüsse erreichendes Breitband für alle Endkunden. Die Stabilität des Netzbetriebes ist unzureichend. Warum ist das so: Der Staat überlässt Privatbetrieben den Netzbetrieb. Im Ergebnis gibt es völliges Durcheinander was den Netzausbau betrifft, mit Beteiligung von Kommunen, Ländern, Bund und Aufsichtsbehörden. Bauen müssen die Netze jedoch ausschließlich private Netzbetreiber, die alles machen dürfen – nur mit Netzbetrieben kein Geld verlieren. Das könnten sie gegenüber Ihren Aktionären nicht verantworten und gegenüber Aktionären haben die privaten Netzbetreiber die erste Bringschuld. Das Telekommunikationsfestnetz gehört, genauso wie die Straßennetze und die Energienetze in nationale Hand.

Es werden lokale, nationale und internationale Standards gesetzt, die demokratisch zum Nutzen aller umgesetzt werden. Warum? Weil sich so der Wettbewerb optimal entfalten kann. Für alle Wettbewerber im Telekommunikationsmarkt gelten die gleichen Bedingungen. Kein Privatunternehmen muss sich mit Netzbetrieb belasten. Im Rahmen des öffentlich bereitgestellten Netzbetriebes gilt es für alle Provider, dem Privat- oder Gewerbekunden die optimalen Telefon-, Internet-, Streaming- oder Standleitungsleistungen anzubieten. Dabei sind der Investitions- und Innovationskraft keine Grenzen gesetzt – und auch der Vertragsfreiheit im Rahmen der gesetzlichen Ordnung. Mit dem Netzbau ebenso wie mit dem Netzbetrieb können private Unternehmen im Rahmen der nationalen Standards beauftragt werden. Gut. Das beeinträchtigt überhaupt nicht das Credo, dass der

Telekommunikationsfestnetzbetrieb in den nationalen Standard gehört. Im Ergebnis darf kein Provider, kein Inhaltsproduzent und kein Endkunde – egal wie groß oder wie klein – durch den Netzbetrieb diskriminiert werden.

Schienennetz

Die Bahnstrecken wurden im 19. Jahrhundert rapide unter nationaler Kontrolle ausgebaut. Mit nationalem Standard. Heute mit internationalen Standards. Die Nation, und dazu die Länder und Gemeinden legten in ihren Kompetenzfeldern jeweils die Standards fest, mit denen das Schienennetz, die letzte Meile und die Bahnhofsbereitstellung vor Ort geliefert wurde. Die augenblickliche Situation, dass die Deutsche Bahn sowohl als Netzbetreiber, als auch als Provider im Schienennetz auftritt, führt zu massiven Ungleichgewichten. Es gibt unnötige Interventionen des Staatsapparates und es ergibt sich Auswahlmangel, insbesondere bei den privaten Endkunden. Dieses ist das allergrößte Manko, das sich politisch willkürlich und wider die ökonomische Vernunft aus den Monopolen Deutsche Telekom und Deutsche Bahn entwickelt hat. Diesen beiden heutigen Aktiengesellschaften muss die Hoheit über deren Netzbetriebe abgenommen werden, damit

1. die Netzbetriebe gemäß dem Stand der Technik überall funktionieren, damit
2. ein gesunder Wettbewerb stattfindet und damit
3. der Endkunde eine Auswahl hat in der dieser gute und schlechte Lieferqualität bewerten, wählen und ausschließen kann.

4. echte Kreativität in beiden Netzen diskriminierungs-
    frei von staatlichen Interventionen oder monopolis-
    tischen Crossover Beschränkungen sprießen kann.

So sieht nationalliberale Netzpolitik aus. Die beiden Beispiele Telekommunikationsfestnetz und Schienennetz
kann man analog auf sämtliche Politikbereiche erwei-
tern. Es bedarf überall der klaren Trennung, was ist des
Staates, was ist des Bundes, was ist der Länder, was ist
den Gemeinden, was ist der Marktwirtschaft, was ist des
Bürgerrechts und was ist des Internationalen – und dieses alles eindeutig, ohne Überschneidungen, damit jede
Institution und jeder Bürger weiß, woran er ist und darauf immer nachvollziehbare Entscheidungen getroffen
werden können. Also das Gegenteil von fortlaufenden
faulen Kompromissen, dem sich selbst die F.D.P. nicht
entzogen hat und so 2013 bestraft worden ist.

Ein sehr schöner aktueller Nebeneffekt einer solchen
klaren Strukturierung wäre die Transparenz der verschiedenen Akteure in Bezug auf den Ressourcenverbrauch
und damit die direkte Zuordnung, ob Handlungen der
verschiedenen Akteure umweltpolitisch verantwortlich sind. Diese klaren Verantwortungszuordnungen
geben den Akteuren auf den verschiedenen Ebenen die
Möglichkeit, die rahmen setzenden Gesetze zu beein-
flussen und zur jeweils verfassungsrechtlich befugten
Autorität auch zu machen. Die Auswirkungen dieser
Gesetze können dadurch ausnahmslos von allen Akteuren bemessen werden. Im Kulminationspunkt Netzbetrieb werden diese essenziellen Demokratieprämissen
am offensichtlichsten. Die Analogien dieses Kulmina-

tionspunktes kann man in alle Gesellschaftsbereiche gewinnbringend vortreiben.

Erdgasnetz

Die Gasnetzbetriebe sollten von Gasproduktion und Gashandel strikt getrennt werden. Gasproduktion und Gashandel gehören in private Hände; der Gasnetzbetrieb in staatliche Hand. Auf Basis der gewachsenen Strukturen liegt der Gasnetzbetrieb bei den Kommunen. Die Trennung zum Gashandel findet dabei nicht statt. Somit findet auch kein funktionierender Gaswettbewerb statt. Um Wettbewerbstransparenz zu erreichen bedarf es zusammenhängender Netzbetriebsstrukturen. Deshalb eignen sich Landesnetzbetriebe am besten für die Bereitstellung optimaler Gasenergieversorgung. Hauptgründe: Ein Bundesgasnetzbetrieb würde ein Transaktionskostendefizit bei der Bereitstellung der letzten Meile ergeben. Kommunalgasnetzbetriebe stellen unzureichende Marktbedingungen für Produktion und Handel bereit. Nationale und internationale Überlandleitungen können diskriminierungsfrei mit Staatsverträgen zwischen den Bundesländern und Staaten organisiert werden.

Fernwärmenetz

Fernwärme ist ein wesentliches Abfallprodukt aus Kraftwerksanlagen. Kraftwerksanlagen haben immer einen Standort. In dieser Kommune kann der jeweilige Lieferant im Auftrag der Kommune in die Energiekonkur-

renz treten. Wegen seines lokalen Bezuges sollte diese
Energiebereitstellung lokal autorisiert bleiben. In ökologischer Hinsicht schlummern in der Fernwärme immer noch Reserven, weil in Privathaushalten für die
Wärmeerzeugung die meiste Energie pro Kopf benötigt
wird. Die Möglichkeiten optimaler Nutzung des Roh-
stoffeinsatzes bei Kraftwerken mittels der zusätzlichen
Verwertung ihrer Outputs durch Fernwärme sind noch
nicht ausgeschöpft.

Mobilfunknetz

Um das Mobilfunknetz rankt das absurdeste Theater
deutscher Netzpolitik. Anstatt eindeutig zu sortieren,
wer für was zuständig ist, gibt es stattdessen ein wildes
Durcheinander zwischen Bund, Land, Kommune, Netzbetreiber, Handel und Bundesagentur mit dem Ergebnis,
dass keiner der Beteiligten seine Aufgaben angemessen
wahrnimmt. Seit mittlerweile 30 Jahren Marktentwicklung herrschen in dieser Infrastruktur immer noch Netz-
unterabdeckung, Leistungsdefizite, Kapitalverwerfungen
und Technologieunterentwicklung. Alles hausgemacht.
Wissend um die geopolitische Wichtigkeit dieses Kom-
munikationssektors hätte zuvorderst der Bund diese
Branche nicht als außerordentliche Finanzquelle, sondern als staatliche Investitionsaufgabe begreifen müssen. Und wenn das bis dato nicht geschehen ist, dann
bitte ab sofort. Genau wie in der sonstigen Netzpolitik
hat der Staat dafür zu sorgen, dass das Netz – sprich die
Funkmasten – flächendeckend stehen. Das ist nichts für
privatwirtschaftliche Verantwortung.

Diese hat mit gänzlich anderen Prämissen zu arbeiten – wesentlich komplexeren – als die vergleichsweise simpel zu definierende Aufgabe, ein flächendeckendes Mobilfunknetz bereitzustellen, das den gegenwärtigen Technikstandards entspricht. Stattdessen befindet sich die Politik in Deutschland seit Jahren als Bittsteller gegenüber den Unternehmen in dieser Branche, die sie vorher in absurden Frequenzversteigerungen finanziell geschröpft hat. Diesen geschröpften Unternehmen wird dann noch die Mobilfunkmastaufstellung auferlegt. Gegen die Einnahmen horrender Versteigerungserlöse wird der politische Einfluss auf die Netzabdeckung aus der Hand gegeben. In Sonntagsreden darauf hinzuweisen, die Netzabdeckung überall erreichen zu wollen, klingt vor diesem Hintergrund bei den staatstragenden Parteien heuchlerisch.

Es gilt auch in dieser Infrastruktur die Trennlinie zwischen staatlicher und marktwirtschaftlicher Verantwortung zu ziehen. Dabei ist unwichtiger, an welcher Schnittstelle diese genau gezogen wird, als dass sie eindeutig und klar gezogen wird. In diesem Segment sollte der Bund dafür sorgen, dass Strom- und Breitbandfestnetz an den Mobilfunkmasten anliegt. Die Masten werden so aufgestellt, dass die Ausleuchtung des gesamten Bundesgebietes gewährleistet ist. Trennung. Ab hier sind die Privatanbieter mit Ihrer Antennentechnik zuständig und das mit der Auflage alle Masten in definierten Regionen zu bestücken. Einfach aber effektiv.

Rundfunk

Die Ausstrahlung von Rundfunk- und Fernsehprogrammen über die handelsüblichen terrestrischen Funkfrequenzen funktioniert technisch seit Langem reibungslos. Auch deshalb, weil hier die Zuordnung zu den Landesrundfunkanstalten in Länderhoheit gewährleistet ist. Die Länder stellen so im Auftrag des Bundes die terrestrische Funkqualität sicher, und ob derer ausreichenden Netzabdeckung gibt es auch keine fortdauernde Mangelkritik. Rundfunk und Fernsehen kann in Deutschland auch terrestrisch jeder in ausreichender Qualität und flächendeckend empfangen.

Die Ungleichgewichte und somit der politische Streit bei Rundfunkübertragungen, wird wiederum durch eine Vermischung verursacht. Die Netzbetreiber fungieren gleichzeitig als Inhalteanbieter und das sogar im Beschluss aller Länder in einem bundesweit vereinigten Rundfunkrat. Dass das auf Dauer nicht funktionieren kann, liegt vor dem Hintergrund der gesamten nationalen Infrastrukturpolitik klar auf der Hand. In dieser Gemengelage, in der undurchsichtige Gremien über den gesamten Komplex terrestrischer Ausstrahlung und gleichzeitig über die Programmgestaltung der öffentlichen Sender bestimmen, kann es nicht reibungslos funktionieren. Interessenpolitische Gremien entscheiden nicht nur was technisch, sondern auch was kulturell gesendet werden soll, und daneben noch welche weiteren Rundfunkanbieter zugelassen werden. Das kann für die Entwicklung dieser Infrastruktur nicht gesund sein.

Die Rundfunkanstalten sollten sich im Auftrag des Bundes und der Länder auf die reinen Übertragungsqualitäten der Funkfrequenzen und der Netzabdeckung insgesamt beschränken. Die Refinanzierung muss nicht nur über Steuern, sondern kann über Gebühren, die den Programmanbietern berechnet werden, gegenfinanziert werden. Jede Kommune, jedes Land, der Bund und sicherlich auch übernationale Organisationen dürfen sich gerne organisieren und Rundfunksendungen und -programme in Ihrem Sinne ausstrahlen – auf Basis der vorhanden Rundfunknetzbereitstellung. Genauso wie dieses kleine, mittlere, national oder international tätige Medienunternehmen tun dürfen – diskriminierungsfrei auf Basis der Gebührensetzung durch die öffentlich bestellten Frequenzbetreiber. Wenn unter diesen einfachen Prämissen Länder oder Bund zum Schluss kommen, eigene Radio- oder Fernsehprogramme per Wohnungszwangsgeld ausheben zu müssen, dann würde diesen Politeinheiten sehr schnell und drastisch die Dürftigkeit vermittelt werden, auf welch unbillige Art und Weise sie versuchen, die Medienlandschaft im Bereich Radio und Fernsehen zu manipulieren.

In der aktuellen undurchsichtigen Gemengelage mag das allgemein nicht zur öffentlichen Erkennung gelangen. Nach klarer Verantwortungszuordnung der Netzbetreiber und der Inhalteanbieter wird sich die monströse Organisation der Ex-GEZ, jetzt Beitragsservice genannt, innerhalb überschaubar kurzer Zeit auflösen.

Satellitendienste

Satelliten liefern Rundfunk-, Mobilfunk- und Internet-dienste. Das letztere wird in der öffentlichen Debatte stark unterschätzt, weil dieser Dienst die Breitband-problematik auch auf dem entferntesten Fleckchen in Deutschland zu marktgängigen Konditionen beseitigen kann. Dank Satelliteninternet gibt es im Grunde de facto keine einzige Zone in Deutschland, die nicht über schnelles Internet verfügen könnte. Dass es diese Zonen laut veröffentlichter Meinung und laut Politik unwidersprochen doch geben soll ist eine unzulässige Reduzierung des Blickwinkels auf die selbst blockierenden Regulierungen im Festnetz und im Mobilfunknetz.

Satellitendienste unterliegen internationalen Regelungen. Sowohl für die Bereitstellung der Satelliten, als auch für die Lieferung der Satellitendienste und für den Handel mit diesen Diensten trifft das zu. Wenn eine Nation besondere Regeln für Satellitendienste für sich einfordert, dann kann sie dieses nur im Kontext der internationalen Satellitenordnung einbringen und versuchen einen internationalen Beschluss in der gewünschten Regelung durchzusetzen. Bestimmen kann im Satellitensektor eine Nation bezogen auf die Satellitendienste insgesamt erst mal gar nichts. Die weltweit zentral zuständige Behörde dafür ist die ITU (International Telecommunication Union) mit Sitz in Genf, Schweiz. Diese unauffällig und effizient arbeitende Behörde ist ein weiterer Beweis dafür, dass die Menschheit griffige Lösungen und die dafür notwendigen Strukturen entwickeln kann, wenn dieses – so wie das im Weltraum eben der Fall ist – notwendig ist.

Wenn der Problemdruck bei CO2 oder Überbevölkerung groß genug ist, dann wird es aus nationalliberaler Sicht auch dafür international geregelte Lösungen geben, die mit einer passenden Organisationsstruktur versehen werden. Genauso wie es vor ein paar Jahren bei der Eindämmung des Ozongefährdungsstoffes FCKW gelungen ist.

Die Satellitendienste liefern jedenfalls als Infrastruktur eine in Gänze belebende Wirkung auf die Felder Telekommunikation, Television und Internet. Dieser durchweg positive Infrastruktur Beitrag kam nicht allein deshalb zustande, weil sich deutsche Regulierungsinstanzen in diesem Sektor heraushalten mussten, nein, auch weil sich entsprechende Regulierungsinstanzen anderer Nationen heraushalten und zumindest beschränken mussten. Man kann an der ITU gut herausfiltern, dass eine geringere Interessensteuerungsmöglichkeit – wie gut die Interessen auch immer im Einzelnen gemeint sein mögen – am Ende eine besser funktionierende Gesamtregulierung ergibt. Zumindest in technischer Sicht darf man das feststellen. Über die gesamte Palette der per Satelliten gelieferten Inhalte lässt sich natürlich immer streiten, so wie sich das bei den Inhaltskritikern gehört. Aus nationalliberaler Sicht darf man zusätzlich feststellen, dass die Freiheiten, die die Satellitendienste mit sich gebracht haben, dem gesellschaftlichen Diskurs insgesamt nicht geschadet haben, genauso wenig übrigens, wie dieses aus nationalliberaler Sicht auch die Freiheiten des fortentwickelten Internets tun werden.

Kabelnetz

Hier haben wir es mit der letzten bundesweit relevanten Netzinfrastruktur zu tun. Die Kabelnetze liefern Breitbanddienste für TV, Telekommunikation und Internet an den Endverbraucher. Es gab in den 80er Jahren zwar eine bundesweite Aktion Deutschland vollständig mit Kabelanschlüssen zu versorgen, jedoch ist die Struktur dieses Netzes immer an lokale Kopfstellen geknüpft, sodass sich diese Struktur für kommunale oder privatwirtschaftliche Unternehmungen anbietet. Schon eine Landeshoheit zur Führung dieses Netzbetriebes ist in mehrfacher Hinsicht suboptimal: a) wegen des lokal strukturierten Netzaufbaues, b) wegen der Zuordnung der Versorgungssicherheit aller Dienste durch andere oben genannte Netzbetriebe und c) um der Privatwirtschaft und den Kommunen ein autarkes Mittel zu überlassen, die Breitbandbedürfnisse mit lokalen Maßnahmen befriedigen zu können. Mit anderen Worten: Der Coaxialkabelnetzbetrieb eignet sich auf lokaler Ebene ideal, um Versorgungsversäumnisse auf den höher gelagerten Verantwortungsebenen zu markieren und auszugleichen. Vollständig gut im Sinne nationalliberaler Verantwortungseindeutigkeit.

Geld

Geld stellt in der Sphäre des Produktionsfaktors Kapital eine Sonderrolle dar. Es ist Nummeraire, Zähler, Bewerter. Es bildet den Nominalsektor der Wirtschaft spiegelbildlich zum Realsektor. Wie konnte sich dieser Nominalsektor global gültig und im Ergebnis als Grenzen sprengender Kapitalmarkt durchsetzen? Der Urgrund für Geld liegt in dem Bedürfnis geeignete Tauschmittel zu finden. Desto besser die Tauschmittel, desto geringer sind die Kosten am Markt nach Absatz von Gütern die Neubeschaffung anderer Güter zu organisieren. Wenn Transaktionen einfach, und transparent werden sollen, dann bedarf es dafür eines bestmöglichen Tauschmittels. Veranschaulicht: Nehmen wir Müller und Bäcker. Müller produziert Mehl und Bäcker Brot. Ohne weitere Tauschmittel würde Müller Mehl gegen Brot eintauschen. Schön und gut, Brot müsste Müller zum guten Teil als Tauschmittel einsetzen, weil er für sein Dasein nicht nur Brot braucht, sondern auch einige andere Dinge. Die Arbeit das Brot gegen andere Güter einzutauschen ist aus vielerlei Hinsicht schwer, als da zum Beispiel sind die Verderblichkeit, der Geschmack, das Auffinden von Brotsuchenden oder die Brottransportkosten. Das alles erzeugt Aufwand und Arbeit. Dafür steht der Begriff Transaktionskosten. In der Entwicklung der Tauschmittel von Rohstoffen über Münzen, Banknoten mit Goldstandard, Banknoten gestützt durch Verpfändungen bis hin zum modernen Buchgeld auf Kreditkarten war immer die Optimierung der Transaktionskosten die treibende Kraft. Der Geldmarkt = Kapitalmarkt wurde aufgrund seiner enormen Produktivitätsentwicklung für Tauschgeschäfte zunehmend zu einem großen Wirtschaftsfaktor selbst. Mit Geld kann man alles tauschen, was einem Tausch-würdig erscheint, Güter, Dienste, Investitionen, Vergangenheit und Zukunft.

Warum sind diese Sätze an dieser Stelle so wichtig? Weil es im Geldmarkt immer darum geht diese ursprüngliche Bodenhaftung zu berücksichtigen. Jeder noch so verschachtelte Geldmarkt kann immer heruntergebrochen werden auf die verschiedenen Tauschbedürfnisse aller seiner Teilnehmer. Wenn diese Tauschbedürfnisse eine untergeordnete Rolle spielen oder – noch schlechter – zum Teil gegenseitig nicht mehr bedient werden können, dann hat sich der Kapitalmarkt so überhitzt, dass der Bezug zur Realität nicht mehr gegeben ist, dass dieser die Bodenhaftung verloren hat. Das ist das Credo nationalliberaler Kapitalmarktpolitik: Der Realitätsbezug dieses Marktes soll in allen seinen Facetten immer nachvollziehbar bleiben. Entsprechend soll dies mit seinen Regularien geschehen, ohne die es nicht geht. Die Geldmarktakteure, die mit Ihren Geldmarktgeschäften Bankrott gehen, müssen dieses auch können. Wenn das nicht mehr möglich sein soll, dann ist man auf dem Weg in institutionelle Verflechtungen, die für die langfristige wirtschaftliche Gesamtentwicklung und somit am Ende für den Wohlstand der Nation ungesund sind. Das wird nicht davon abhalten, angemessene Versicherungslösungen für diejenigen bereitzuhalten, die als Gläubiger von Bankrott gegangenen Geldmarktakteuren zu leiden hätten.

Märkte

Zum Thema Markt gibt es Grundsätzliches festzuhalten, dass durch die nationalökonomische Wissenschaft bewiesen ist. Ein Beweis gilt immer so lange, bis ein gegenteiliger Beweis gilt. Solange dieses jedoch nicht geschieht, hält man sich an den Beweis. Ein Stein ist bis jetzt immer noch heruntergefallen, was die Gravitationstheorie beweist. Sollte mal ein Stein hochfliegen, dann haben wir eine neue Sachlage. Aber erst dann. Solange gehen wir von der aktuellen Sachlage aus. Die Wissenschaft der Nationalökonomie hat nunmehr seit etwas mehr als 200 Jahren erforscht, wie Märkte zum optimalen Wohlstand beitragen. Märkte tragen in vielfältiger Hinsicht zum Wohlstand bei. Umgekehrt führt es zu Wohlstandverlusten, wenn man sie einschränkt. Es mag triftige Moral geben, Märkte einzuschränken, nur muss man wissen, dass das gegen alle Beteiligte gerechnet zu Wohlstandverlusten führt.

Der Versuch sie abzuschaffen? Man kann nur versuchen sie abzuschaffen, denn wenn man es gemacht hat, dann findet sich das Individuum immer noch in einer Markt-, Angebots-, Produkt-, Ressourcen- oder Nachfragesituation wieder, nur dass es diese nicht nutzen kann. Was Politik dem Individuum nicht wegnehmen kann, das sind seine Präferenzen, die dem Individuum zumindest die Möglichkeit geben das Nichtmarktangebot zu minimieren, abzulehnen oder zu umgehen. Wie das stattfindet, das konnten wir Deutsche Jahrzehnte lang zwischen Rostock und Dresden aus allernächster Nähe erleben. Dort, wo normale Märkte abgeschafft wurden – sprich staatlich verplant worden sind – dort entstanden immer private, halb gewerbliche und größtenteils illegale Nebenmärkte. Die Produktions- und Tauschmechanismen, die Märkte informations- und motivationsmächtig aus sich selbst heraus entwickeln, werden simuliert. Vieles im alltäglichen Schaffen in sozialistischer Gesellschaft, in der der Plan den Markt ersetzt, konnte nur wegen dieser Simulation aufrechterhalten werden.

Markt definiert sich durch Angebot und Nachfrage, durch Produktion unter Einsatz von Rohstoffen, Arbeit und Werkzeugen, durch Preisbildung, die es erlaubt schwieriger herzustellende Produkte doch zu erzeugen und anzubieten als leichter herzustellende Produkte, solange es in der Präferenzskala der Nachfrager ausreichendes Interesse gibt diesen höheren Preis zu zahlen. Diese Preisbildung ist in der Öffentlichkeit eines der unterschätzten Qualitätskriterien von Märkten. Märkte schaffen es zwischen 2 Teilnehmern, 100 Teilnehmern, 1.000.000 Teilnehmern und eben auch unter 7.500.000.000 Teilnehmern, so wie aktuell die Gesamtbevölkerung der Welt ist, Preise zu machen. Preise gibt es nur für knappe Güter. Wenn man Snickers an einer Pflanze auf dem Balkon wachsen lassen könnte, jeden Tag 2 Stück davon haben möchte, und wenn man jeden Tag genau davon 2 haben könnte, dann gäbe es dafür keine Knappheit. Für dieses Produkt würde in Geschäften nichts mehr gezahlt werden, vorausgesetzt die Snickers erzeugende Pflanze gäbe es in der Natur in beliebiger Menge zu entwurzeln.

Preise sind Wertmaßstab für Knappheiten, als da wären knappe Rohstoffe, knappe Produktionsmittel, knappe

Arbeit, knappe Distribution, knappe Umwelt oder knappe Finanzierung. So entstehen durch Märkte die Preise im Zusammenspiel aller Teilnehmer wie Grundstücksbesitzer, Rechteinhaber, Hersteller, Arbeiter, Transporteure, Händler, Konsumenten und Kontrolleure – oder wie immer man die vielen Teilnehmer summieren oder subsumieren möchte. Dieses Zusammenspiel findet fortlaufend statt genauso zwischen 2 Teilnehmern wie zwischen 7.500.000.000 Teilnehmern. Sämtliche Informationen, sämtliche Antizipationen, sämtliche Möglichkeiten und Unmöglichkeiten fließen gegenwärtig, nicht nur zeitnah, nein zum aktuellen Zeitpunkt in den Preis ein. Das heißt nicht, dass dieser Preis richtig sein muss. Er kann auch falsch sein. Was seinen Wesensgehalt in keiner Weise schmälert. Bei falscher Preisbildung kann man insolvent gehen. Es gibt Fehlinformationen, es gibt Desinformationen, es gibt jede Menge unvorhersehbarer Ereignisse. Demzufolge gibt es unsichere Prognosen. Alles das – und noch viel mehr – fließt in die Preisbildung auf Märkten ein, was alle Marktteilnehmer dazu bringt, bestmögliche Zukunftseinschätzungen zu gewinnen. Markt ist immer auch eine Abbildung der Produktionskosten und der Zukunftserwartungen.

Spätestens jetzt kommen wir in das Feld der Regulation. Dem Markt ist innewohnend, dass dieser seine Bedingungen und Nebenbedingungen – hier sei vermerkt auch beim Thema Ressourcenschonung – aus sich heraus regelt. Apropos Regeln. Ein Markt braucht immer Regeln, Spielregeln – allein schon damit die Verständigung am Ende zwischen allen Marktteilnehmern funktioniert.

Wenn man den Markt als den gesellschaftlichen Ausgangspunkt überhaupt nähme, dem alles nachrangig zugeordnet werden würde, dann zählten nicht nur Öffnungszeiten, Grenzbestimmungen, Kategorisierungen, Normierungen, Regeln und Bestrafungen dazu, sondern gewissermaßen auch die Bildung von Kommunen, Ländern, Staaten und internationalen Organisationen. Nun ist das Thema Markt dem Wirtschaften zugeordnet – aus gutem Grund. Es ist hier genau die Sollbruchstelle zwischen freier Marktwirtschaft und Planwirtschaft. Die erstere vertraut den Selbstregulierungskräften des jeweiligen Marktes und aller Märkte zusammen, letztere misstraut den Selbstregulierungskräften aus unterschiedlichsten Gründen wie zum Beispiel Ressourcenverschwendung oder Inhumanität. Das Misstrauen kann vor der Befürchtung, Märkte würden völlig Entmenschlichen, so groß werden, diese ganz abzuschaffen – einhergehend mit den Verlusten derer Effektivität. Märkte regulieren sich selbst, jedoch finden sie sich immer in Rahmenbedingungen – in Gesellschaften. In diesen finden die Märkte statt und für diese sollen die Märkte Ihre Leistungen erbringen.

Nach dieser grundsätzlichen Bestimmung wirtschaftlicher Kernbegriffe aus nationalliberaler Sicht geht es im Folgenden genau darum, wie die gesellschaftlichen Rahmenbedingungen für die verschiedenen Märkte optimal ausgestaltet werden können, damit die Kriterien Leistungskraft, Gerechtigkeit und Ressourcenschonung bestmöglich erreicht werden können. Dabei wird von der konkreten Situation der hiesig relevanten Märkte ausgegangen, um diese auf die drei Kriterien abzuklopfen.

Nach Feststellung gravierender Unzulänglichkeiten bei den jeweiligen Kriterien werden Verbesserungsmöglichkeiten aus nationalliberaler Perspektive aufgezeigt.

Hier sei gerne vermerkt, dass in nationalliberaler Sicht nicht immer ein mehr an Wachstum, Arbeit, Produkten oder Einkommen zu den Verbesserungsmöglichkeiten gehört. Das Gegenteil ist häufig der Fall. Viele aktuelle Marktbedingungen in Deutschland verursachen aus sich selbst heraus und wiederum aus unterschiedlichsten Motivationen heraus ein mehr an Wachstum, Arbeit, Produkten oder Einkommen. Die Maximierung der Erwerbstätigkeiten, insbesondere der sozialversicherungspflichtigen Beschäftigungen ist zu einem unwidersprochenen, unumstößlichen Mantra geworden, dem die Gesellschaft nach besten Möglichkeiten nachkommen soll, was wiederum zur Erfüllung der Einzelnen und am Ende der Gesellschaft insgesamt am besten beitragen soll. Dieses Phänomen ist so erst seit den 70er Jahren, also den Jahren der sozialdemokratischen Machtübernahme in Deutschland zu erkennen. Noch in den 60er Jahren war es tatsächlich so, dass nicht jedem unbedingt angetragen worden ist, doch nach aller Möglichkeit erst mal einer Beschäftigung nachzugehen und alles andere unterzuordnen.

Am meisten in Misskredit geraten sind dadurch die heutzutage völlig unterbewerteten Tätigkeiten des Hausmannes oder der Hausfrau. Jegliche Würdigung dieser Tätigkeiten wird spätestens seit der deutschen Vereinigung als diskriminierend eingestuft. Das wird auf Dauer so nicht in Ordnung sein. Es wird einige Ökologisten wundern:

Schon aus ressourcenschonenden Argumenten wird der Slogan „Arbeit, um des Lebens willen aber nicht Leben um der Arbeit willen" verstärkt wieder größere Beachtung finden. In den weiteren Marktanalysen wird deutlich werden, dass nicht die Märkte an sich, jedoch die staatlichen „Einheitsregulierungen" für Ergebnisse sorgen, die aus sich heraus Maximalbeschäftigungsautomatik auslösen. Das wird gleich spannend. Hier sei nur die kleine Anmerkung erlaubt, dass – bei aller Ungerechtigkeit damals – noch vor den Jahren um 1830 diejenigen, die täglicher Arbeit nachgehen mussten, bei denjenigen, die sich dabei heraushalten konnten – warum auch immer – Mitleid erzeugten. Mit anderen Worten: Jede Woche 40 Stunden arbeiten zu gehen, galt sicherlich nicht immer als das erstrebenswerteste Ziel humaner Existenz.

Nationalliberale Marktkritiken

Ich nehme die lang entwickelte Klassifikation des Statistischen Bundesamtes als Ordnungsmaßstab. In ihr werden die Märkte von A bis U inklusive diverser Unterklassen unterteilt. Die Zahlen, die genommen werden, sind amtliche Zahlen. Wenn es amtlich nicht geht, dann wird hilfsweise auch auf Zahlen renommierter Quellen zurückgegriffen. Die Zahlen betreffen immer den ca. Jahresmittelwert aus den letzten 3–5 Jahren und werden so aggregiert, dass eine einfache Vergleichbarkeit möglich ist. Es kommt im Folgenden nicht auf absolute

Präzision, sondern stattdessen auf das Grundsätzliche an. Deshalb erkläre ich vorab, dass Abweichungen bis zu einer Größenordnung von 5 %, bezogen auf den jeweiligen Realwert, als tolerabel angesehen werden.

Zentraler Maßstab in den Branchenvergleichen wird der volkswirtschaftliche Fachbegriff „Bruttowertschöpfung". In der volkswirtschaftlichen Gesamtrechnung ergibt sich diese grob ausgedrückt aus dem Gesamtproduktionswert abzüglich Vorleistungen. Nach Abzug der Abschreibungen erhält man die Nettowertschöpfung. Diese entspricht mit geringen Abweichungen den zusammengefassten Arbeitslöhnen, Angestelltengehältern und Unternehmensgewinnen. Man kann also grob die Bruttowertschöpfung auch als das zusammenfassen, was bei der Arbeit des ganzen Volkes an Arbeitslohn, Angestelltengehältern, Unternehmensgewinnen und Abschreibungen entsteht. Abschreibungen kann man in diesem Zusammenhang auch als das verstehen, was zur allgemeinen Substanzerhaltung mitverdient worden ist.

Landwirtschaft

Die deutsche Land-, Forst- und Fischwirtschaft erreicht eine Bruttowertschöpfung von ca. 18 Mrd. €/p.a. (Mittel über die letzten Jahre, circa). Das ergibt einen Anteil an der gesamten Bruttowertschöpfung Deutschlands von 0,6 %. Zu dieser Wertschöpfung kommt ein EU-Subventionsanteil von 6,5 Mrd. €/p.a. hinzu. Sprich: Etwas mehr als 1/3 der Branchenwertschöpfung wird durch EU-

Subventionen ergänzt. Im Folgenden werden wir sehen, dass diese Unterstützung aus gesamtgesellschaftlicher Umverteilung außerordentlich hoch ist. Eine landwirtschaftliche Fachkraft verdient durchschnittlich 10,- €/ brutto pro Stunde. Das ist am unteren Ende der Löhne, die in den verschiedenen Branchen bezahlt werden. Die Landwirtschaft trägt ca. 66 Mio. Tonnen CO_2 äquivalente Treibhausgase zur Atmosphäre per anno bei. Das sind mehr als 7 % des Gesamtbeitrages Deutschlands in dieser Kategorie. Dieser Gesamtbeitrag zu den nationalen Treibhausgasen übersteigt sogar den Beitrag der gesamten deutschen verarbeitenden Industrie. Nur die Fossilstoffkraftwerke und der Verkehr übersteigen diesen Beitrag.

Bewertung aus nationalliberaler Sicht: Die Landwirtschaft ist der sogenannte primäre Wirtschaftssektor. Das Wort sagt alles. Außer Bergbau ist alles, was dann kommt sekundär Wirtschaft (Industrieproduktion) oder tertiär Wirtschaft (Dienstleistungen). Insofern gebührt der Landwirtschaft eine geschichtliche Sonderstellung. Sie ist aber deshalb auch der Wirtschaftszweig mit dem größten Erfahrungsschatz. Sie dient zuvorderst der menschlichen Substanzerhaltung und sollte deshalb in der Lage sein, die eigene und die Substanz der Kunden zu erhalten. Deshalb müsste Sie am unabhängigsten von staatlichen Eingriffen und so auch unabhängig von staatlichen Unterstützungsleistungen arbeiten können. Ich nehme an dieser Stelle meteorologische Schwankungen ausdrücklich heraus, für die diese Branche über Jahrtausende Ausgleichsverfahren entwickelt hat. Der Anteil an der Bruttowertschöpfung sank in den letzten 200 Jahren von ca. 90 % auf aktuell unter 1 %. Das ist Wirtschaftsfortschritt, der sich wegen unendlich vieler verschiedener Einflussfaktoren entfaltet.

Nun fragt sich aus nationalliberaler Sicht, ob es sich lohnt den Rückgang der Landwirtschaft gemessen an der Bruttoinlandswertschöpfung aufzuhalten und dafür immense Steuermittel einzusetzen? Neben dem EU-Haushalt, der die deutsche Landwirtschaft mit über 6,5 Mrd. €/p.a. unterstützt, subventioniert der Bund über verschieden Töpfe die Landwirtschaft mit ca. 1,5 Mrd. €/p.a. Wenn man Hessen als typisches Bundesland nimmt, das ca. 100 Mio. €/p.a. Subventionen unterschiedlichster Art für die Landwirtschaft bereitstellt, dann darf man hochgerechnet davon ausgehen, dass die Bundesländer insgesamt auf 1 Mrd. €/p.a. kommen, um die Landwirtschaft zu unterstützen. Der deutschen Landwirtschaft kommen also insgesamt ca. 9 Mrd. €/p.a. Subventionen zu Gute. Nachdem alle EU-, Bundes- und Landesmittel für die Branche Landwirtschaft gewichtet sind, also noch mal die Frage: Lohnt sich dieser Aufwand? Und ich stelle diese Frage aus nationalliberaler Sicht nicht ohne Grund doppelt, denn die Antwort lautet: Nein. Warum?

a. Subventionen sind immer Umverteilungen, die von der Nation insgesamt einzelnen Branchen der Nation zukommen. Es wird erst einmal allen etwas weggenommen. Wenn dieses doch gemacht wird, dann braucht es sehr gute Gründe.
b. Subventionen sorgen nicht für den optimalen Einsatz der nationalen Wirtschaftsleistung. Wenn in einer Branche Kapital zugeführt wird, dass diese von sich aus nicht mehr einbringen kann, dann wird Wirtschaftsleistung vergeudet.

c. Die Landwirtschaft ist die urälteste Branche aller Wirtschaftsbranchen und braucht keine Dinge wie Anschubfinanzierung oder Investitionszuschüsse.

d. Auch eine außerordentlich hohe Beschäftigungsquote liefert keine Subventionsargumente.

e. Und auch die immer wieder hervorgebrachten ökologischen Argumente in puncto Landschaftspflege, Artenschutz, Bodenreinhaltung, Tierschutz und Klimaschutz schlagen sämtlich fehl. Die Subventionen, die aus sich heraus zwangsläufig zu Überproduktionen führen, bewirken in allen ökologischen Aspekten negatives – es sei denn, die Subvention gilt nur der Ökologie, was dann wiederum etwas anderes ist als Landwirtschaftssubvention. In der aktuellen Situation ist es vorgezeichnet, dass vor allem die überproportionale Belastung der nationalen Treibhausgase für viele alleine schon ein Grund wäre, die Subventionen zu beenden.

f. Günstige Verbraucherpreise werden im Allgemeinen bei den Subventionsargumenten nicht mit aufgezählt – aus gutem Grund, weil die Verbraucherpreise nämlich relativ auf einem sehr niedrigen Niveau sind, und auch nach Wegfall der Subvention immer noch auf einem Level wären, das in den Preisrelationen der Konsumgüter verträglich sein würde. Teurere Preise bei Nahrungsmitteln aus tierischer Nutzhaltung dürften eher für sorgsameren und schließlich gesünderen Umgang damit sorgen.

g. Zuletzt sei hier auf die internationalen „Terms of Trade" verwiesen – auf Deutsch die internationalen Handelsgewichte. Diese sind im EU-Landwirtschaftssektor durch die Subventionspolitik zuungunsten aller

Nachbarstaaten gewichtet. Die EU-Nachbarn wollen wegen dieser Situation des primären Sektors in die EU eintreten oder sie müssen selbst subventionieren. Dabei müssen sie Überschussimporte in die eigenen Länder erdulden und Außenhandels Nachteile in einer Branche tolerieren, in der traditionell jede Nation ihre Konkurrenzfähigkeit am besten entwickeln könnte. Die Entwicklung der Entwicklungsländer wird seit Jahren durch diese Subventionspolitik mehr behindert, als jede noch so gut gemeinte Entwicklungshilfe ausgleichen könnte.

Im Grunde kann man feststellen, dass jedes weitere Argument in der Kette, das eigentlich für Subvention sprechen sollte, seit inzwischen Jahrzehnten dagegenspricht. Ausnahmslos. Es gibt nicht ein einziges wirtschaftspolitisches Argument, die Landwirtschaftsbranche jährlich mit milliardenschweren Subventionen zu unterstützen. Die Liebe zur Landwirtschaft wäre ein Argument, das man noch anführen könnte: jedoch, weiter oben ist in diesem Buch ausgeführt, das man Liebe und Politik auseinanderhalten sollte. Zumindest aus nationalliberaler Sicht. Ein weiteres Argument wäre das Gewohnheitsrecht, das sich in der EU so entwickelt hat, weil sich die EU nach dem 2. Weltkrieg aus dem primären Wirtschaftssektor heraus entwickelt hat. Die EU hat mit der Landwirtschaft den zweiten gemeinsamen Markt im Anschluss an die Montanunion etabliert. Das geschah nicht aus purer Wirtschaftsfreude, sondern auch in Hinsicht auf die Befriedung zwischen den beteiligten Nationen einige wenige Jahre nach Beendigung des furchtbaren 2. Weltkrieges. Friede also, das könnte als Argument angeführt werden, aber bitte nicht mehr an dieser Stelle. Der Friede wird innerhalb Europas über unzählige Bande hergestellt, dafür bräuchte man sicher nicht die unsinnige Landwirtschaftssubventionspolitik. Nein. Es bleibt kein Argument dafür. Aus nationalliberaler Sicht gehört die Landwirtschaftssubventionspolitik abgeschafft – und zwar vollständig.

Volkswirtschaftlich ergäbe diese Haltung jedoch nur Sinn, wenn auch alle ausländischen Volkswirtschaften genauso handeln würden. Das ist nicht der Fall. Deshalb ist zumindest so mit Einfuhrzöllen zu arbeiten, dass die Subventionen in den ausländischen Volkswirtschaften vollständig neutralisiert werden.

Bergbau

Der Bergbau ist jahrzehntelang gegen Weltmarktpreise subventioniert worden. Das ist zum Glück beendet worden. Jetzt wird der Tagesbergbau aus ökologischen Gründen sukzessive eingestellt. Bei den aktuell vorliegenden Umweltkennzahlen ist das zumindest nachvollziehbar. Unter dem Strich darf man aus nationalliberaler Sicht feststellen, dass der Bergbau in Markt und Regulierung in Ordnung ist. Sein Anteil an der Bruttowertschöpfung beträgt über die letzten Jahre 0,15 %.

Verarbeitendes Gewerbe

Das verarbeitende Gewerbe ist einer der bestens funktionierenden Märkte in unserem Land und das bei unterdurchschnittlicher staatlicher Regulierung und gleichzeitig beispielhaften Umsetzungen der Koalitionsfreiheit. Das verarbeitende Gewerbe in Deutschland umfasst die verschiedensten Herstellungen von Nahrungsmitteln, Getränken, Tabak, Textilien, Bekleidung, Leder, Holz, Papier, Drucken, Brennstoffen, Chemikalien, Pharmazeutika, Kunststoffen, Mineralien, Metallen, IT-Geräten, Elektronik, Maschinen, Kraftfahrzeuge und Möbel. In Deutschland liegt der Anteil dieser Branche bezogen auf die Bruttowertschöpfung bei 23 %. Knapp ein Viertel der Wirtschaftsleistung wird in diesem Segment, subsumierend auch die deutsche Industrie genannt, geleistet. Dieses gesamte Segment unterliegt weitestgehend in jedem Teilbereich und aus der Sicht der Unternehmen und Arbeitnehmer den Regeln der Marktwirtschaft. Diese Marktwirtschaft wird eingerahmt durch die allgemeine Rechtsordnung, die Sozialversicherungspflicht und die Steuerpflicht, sowie es in allen auch folgenden Wirtschaftssegmenten der Fall ist. Darüber hinaus gelten öffentliche Vorschriften generell für die Themen Arbeitssicherheit und Umweltschutz im weitesten Sinne (Luft-, Wasserreinhaltung, Gesundheit). Alles Bedingungen, die für jedes Wirtschaften in Deutschland gelten. Was die Arbeits-. Lohn-, Urlaubs- oder Verhaltenskodexe betrifft, so wird dieses weitestgehend zwischen den Arbeitgebern und -nehmern im Rahmen der Koalitionsfreiheit ohne staatlichen Einfluss verhandelt. Dieses ist das Spielfeld der Unternehmensverbände und insbesondere der Ge-

werkschaften. Entscheidend für diese Analyse ist, dass
der Erfolg in allen diesen Wirtschaftssegmenten ohne
staatliche Interventionen in die marktwirtschaftlichen
Abläufe stattfindet. Weitestgehend. Die tägliche erbrach-
te Wirtschaftsleistung wird in diesem Bereich durch die
elementaren Bedingungen Produktivität, Angebot und
Nachfrage bestimmt. Die zu erbringenden Wirtschafts-
leistungen in diesem Bereich werden nicht durch die
Direktiven von Landes-, Bundesministern oder Staats-
planstellen erreicht. Nein. Es herrschen hier im Kern
marktwirtschaftliche Bedingungen mit Regelungen, die
aus dem Markt selbst heraus entstehen, und allgemeiner
Regeln, die aus den gesamtgesellschaftlichen Überein-
künften heraus entstehen. Die erfolgreiche Entwicklung
des verarbeitenden Gewerbes in Deutschland gründet
vorrangig auf seinen marktwirtschaftlichen Grundbe-
dingungen.

Energie

Im Bereich Energie sieht das schon ganz anders aus. Der
Energiemarkt wird bei uns unterteilt in Strom, Gas und
Wärme/Kälte. Er hat einen Anteil an der Bruttowert-
schöpfung von 1,5 %. Der Einkommensbeitrag, den diese
Branche der deutschen Wirtschaft hinzufügt, ist dem-
nach recht überschaubar. Umso mehr verwundert es, wie
diese seit den 60er Jahren vom marktwirtschaftlichen
Erfolgskurs abgekommen ist und durch willkürliche
staatliche Regulierungen seiner volkswirtschaftlichen
Effizienz beraubt worden ist.

Nehmen wir zuerst Strom/Elektrizität. Die technische Entwicklung erlaubte erst in der 2. Hälfte des vorletzten Jahrhunderts die Verwendung des Stroms für öffentliche und private Zwecke. Die Firma Siemens war eine der verschiedenen internationalen Vorreiter für Produktion und Verwendung des Stroms. Die Stromerzeugung wird besorgt durch Kohle-, Gas-, Öl-, Atomkraftwerke und Kraftwerke, die sich aus regenerativen Quellen speisen. Der Energiestoff Kohle ist in Deutschland Jahrzehnte lang massiv subventioniert worden.

Diese Intervention sorgt bis heute für die erste große volkswirtschaftliche Verwerfung in diesem Geschäftsfeld. Direkte Finanzhilfen, neben Steuervergünstigungen und Wettbewerbsvorteilen, fließen 1975 mit etwas mehr als 2.000.000.000,- €, 1985 mit mehr als 3.500.000.000,- €, 1995 mit mehr als 6.000.000.000,- €, 2005 mit mehr als 2.000.000.000,- € und 2015 mit immer noch mehr als 1.000.000.000 € pro Jahr in die Steinkohlegewinnung. Pro Arbeitsplatz in der Branche sind auf der Strecke teilweise über 80.000,- € per anno aus Steuerfinanztöpfen in dieses Segment geflossen. Warum ist das vom Staat gemacht worden? Einziger Grund ist der Verlust von Arbeitsplätzen. Mit diesen Milliardenabflüssen in eine unrentable Branche sind jahrzehntelang diese gleichen Gelder anderen Arbeitsplätzen mit besserer Produktivität vorenthalten worden.

Schädliche Nebenwirkungen dieser ersten volkswirtschaftlichen Verwerfung ergeben sich aus 2 weiteren Sachverhalten. Erstens werden die Kraftwerke mit den anderen Energieträgern wirtschaftlich benachteiligt. Wenn auf die Jahrzehnte lange Subventionierung von Steinkohle verzichtet worden wäre, wären auf der anderen Seite der Gleichung die Betriebe von Braunkohle-, Gas-, Öl-, Atom- und Regenerativkraftwerken automatisch lukrativer gewesen. Zweitens werden die ökologisch reineren Kraftwerke, die mit Gas, Öl, Atom oder Regeneration betrieben werden, benachteiligt.

Diese beiden nationalen Verlusteffekte wurden willkürlich durch politische Klientelpolitik für Kohlekumpel verursacht. Das war keine nationalliberale Wirtschaftspolitik.

Die zweite große volkswirtschaftliche Verwerfung in diesem Geschäftsfeld wurde durch die massive Subventionierung der Atomkraftwerkstechnik herbeigeführt. Diese Verwerfung machte sich nicht nur pekuniär bemerkbar, sondern sorgte daneben auch für künstlich heraufbeschworene gesellschaftliche Konflikte in Bezug auf die Umweltverträglichkeit dieser Energieerzeugung. Das Forum für ökologische soziale Marktwirtschaft kam auf eine staatliche Subventionshöhe von über 200.000.000.000,- € für die Atomkraft, die zwischen 1950 und 2010 in diese Technik geflossen sind. Auf die kWh gerechnet ist Atomkraft über die Zeit höher subventioniert worden, als aktuell die regenerativen Energien. Auch wenn man diesen Wert unterschiedlich berechnen kann, so ist in jedem Falle festzuhalten, dass der Atomstrom von Anfang an massiv subventioniert wurde. Wenn diese Subventionen nicht stattgefunden hätten und private Betreiber das gesamte Risiko dieses Geschäftsfeldes hätten tragen müssen, dann wäre es fraglich gewesen, ob die Atomstromerzeugung in Deutschland überhaupt stattgefunden hätte. Wenn Sie stattgefunden hätte, dann auf einer wesentlich angemesseneren Grundlage. Auch hier sind nationale Verlusteffekte wegen staatlicher Willkür eingetreten. Der Staat sollte sich aus der Forschung, Entwicklung und Bewirtschaftung neuer Technologien heraushalten. Wenn staatliche Organe in diesen Bereich eingreifen, dann ist das Geschäftsfeld Atomkraftwerke ein erstklassiges Beispiel dafür, zu welchen Fehlentwicklungen diese Interventionen führen können.

Heutzutage gehört es zum guten Ton in der Politik, dass Forschung auf Bundes-, Landes- und Kommunalebene direkt gefördert werden solle. Besser wäre, wenn Beamte sich dabei heraushalten würden, und es den Forschern und Institutionen selbstständig überlassen, wie und wo diese Ihre nötigen Vorfinanzierungen besorgen. Neben der Atomkraftwerkstechnik wird in diesem Buch in vielen verschiedenen Beispielen deutlich, zu welchen massiven Belastungen die Einmischung staatlicher Organe führt, wenn diese sich in Bereiche einmischen, die der Marktwirtschaft vorbehalten bleiben sollten.

Die nationalliberale Grundhaltung ist die, dass der Staat sich nicht in das einmischen soll, für das er nicht zuständig ist und damit gleichzeitig die Geldbeutel seiner Bürger verschonen möge. Ein ganz wichtiger Nebeneffekt, der dabei entsteht, sei hier angesprochen. Der Bürger muss dann zum Beispiel auch nicht noch dafür mitarbeiten, dass der Staat meint, seine Steuergelder in tolle Technikentwicklungen zu stecken. Sämtliche Finanzaktivitäten, die die tollen Kommunal-, Landes-, Bundes- und Europapolitiker mit Ihren wohlmeinendsten Absichten durchführen, müssen am Ende immer von jedem Bürger erst wieder erarbeitet werden. Dieser befindet sich nach all den tollen Motivationen der allermeisten Politiker in einem Hamsterrad der notwendigen monatlichen Einkommenserzielung, das sich immer schneller dreht, und in dem er froh ist, wenn er am Ende auch nur die Hälfte von dem behalten darf, was er mit seiner Arbeit erzielt hat. Das ist keine nationalliberale Wirtschaftspolitik. Diese ist zu aller erst darauf ausgerichtet, soviel Lohn, wie nur möglich in den Lohntüten der Arbeiter zu belassen. Volkswirtschaftlich betrachtet führt das zur wertvollsten Verwendung des erarbeiteten Einkommens. So wird es der Nationalliberale bei allen volkswirtschaftlichen Geldentscheidungen als immerwährendes Kriterium setzen.

Die anderen Energieträger Regenerative, Gas, Öl und Braunkohle kamen über lange Zeit mit erheblich weniger oder gar keinen Subventionen aus. Wasserkraft gibt es schon hunderte Jahre und wurde schnell auch erfolgreich für Stromerzeugung genutzt. Und das wird auch weiter und stärker so bleiben. Wind ist auch schon hunderte – wenn nicht tausende von Jahren zur Energiegewinnung genutzt worden, und wird dieses auch für Stromerzeugung weiterhin und zunehmend tun. Subventionswahn, wie dieser in Deutschland diesbezüglich ausgebrochen ist und dabei die meisten deutschen Landschaften verunstaltet hat, ist bei diesem uralten Energieträger gar nicht nötig. Dummerweise taten schlaue Politiker gerade in den großen Parteien in diesem Jahrzehnt genau das Gegenteil – mit den Effekten Umweltverunstaltung und Geldbeutelbelastung. Auch das willkürlich. Obwohl noch nicht alt, ist diese willkürliche Subventionierung der Windkraft in den letzten Jahrzehnt als dritter Subventionsfrevel in dieser Branche anzuführen.

Noch absurder ist die Verwendung der Sonnenenergie, die nun tatsächlich allen Lebewesen schon immer und notwendigerweise zur Verfügung stehen muss. Dass man gerade in Deutschland darauf kommt Solarenergietechnik staatlicherseits seit 2,5 Jahrzehnten massiv zu subventionieren, wobei Deutschland wirklich nicht als eines der Länder bekannt ist, in denen am längsten und wärmsten die Sonne scheint, ist schon ein verwunderliches Stück. Wenn Unternehmen oder Privathaushalte der Meinung sind mit guten technischen Mitteln Strom aus Sonne zu gewinnen, und diesen dann auch gerne dem allgemeinen Netzbetrieb zur Nutzung stellen, dann bitte. Warum nicht? Aber der Staat muss sich doch bitte aus dieser vergleichsweise und gerade in Deutschland kostspieligen Technik heraushalten. Ohne dieses hier mit Zahlen zu beziffern, darf die Solarstromsubventionierung in diesem Kapitel als vierter volkswirtschaftlicher Subventionsfrevel festgehalten werden.

Wenn neben den genannten Energieträgern und dazu mit Öl, Gas, Braunkohle und Erdwärme marktwirtschaftlich umgegangen worden wäre, dann hätten wir uns in Deutschland vieles an wirtschaftlicher und gesellschaftlicher Belastung erspart – und das können wir uns natürlich in Zukunft auch ersparen. Wie weiter oben im Abschnitt Infrastruktur beschrieben, kommen wir wesentlich weiter, wenn der Staat sich auf den Betrieb eines ordentlichen nationalen Stromnetzes konzentriert, und allen privaten Teilnehmern die beiden Märkte der Stromerzeugung und des Stromhandels überlasst. Dass der Staat diese beiden Märkte nach Maßgabe von Umwelt-, Steuer- und aller sonstigen rechtlichen Prämissen reguliert, und hoffentlich vernünftig reguliert, gehört hier natürlich – genauso wie bei jedem anderen Markt auch sonst – mit dazu. Sprich, man kann auf dieser Grundordnung auch eine sehr gute und sehr effiziente Umweltpolitik machen. Man kann auf dieser Grundordnung unter vielem anderen auch sehr gut den atmosphärischen CO2 Gehalt steuern.

Wasser

Ohne Wasser kein Leben. Wie oben schon eingeführt ist Wasser unabkömmliches Grundbedürfnis, wie Luft und Wärme. Zur Wärme, wie auch zu allen anderen Grundbedürfnissen – außer Luft und Wasser – führen viele Wege. Wasser gibt es nur in einer Form. Diese Form in der bestmöglichen Qualität bereitzustellen gehört in den öffentlichen Auftrag. Weil Wasser immer lokal nah geschöpft und verteilt wird, gehört dieses Gewerbe in die kommunale Verwaltung. Zur Wasserversorgung gehört unmittelbar die Abwasserentsorgung. Der Anteil der Wasserbranche an der nationalen Bruttowertschöpfung beträgt 1 %.

Dieser Markt, der ein kommunal planwirtschaftlicher ist und dies aus nationalliberaler Sicht auch bleiben sollte, funktioniert bundesweit weitestgehend. Es gibt Vorbilder, es gibt Kommunikation zwischen den tausenden Kommunen, es gibt alle Arten von Teilnehmern, die dieses Geschäftsfeld optimieren möchten und es gibt Fehler. Natürlich können Anlagen zur Wasserversorgung und insbesondere zur Wasserentsorgung überdimensioniert sein, auch massiv. Das führt im Ergebnis zu finanziellen Überbelastungen in den betroffenen Städten und Gemeinden. Kommunalpolitisch wird dieses innerhalb weniger Jahre politische Konsequenzen haben. Über diese Schiene reguliert sich der Wassermarkt.

Bau

Das Baugewerbe ist im Rahmen der allgemeinen und branchenspezifischen Rechtsordnung marktwirtschaftlich organisiert und funktioniert gut. Es trägt 4,75 % zur gesamten nationalen Bruttowertschöpfung bei. Die Arbeitsbedingungen werden im Rahmen der Koalitionsfreiheit zwischen Arbeitgebern und Gewerkschaften seit Jahrzehnten erfolgreich organisiert. Das Entsendegesetz, das nationale Lohnpolitik zur Einschränkung abweichender EU-Löhne regelt, ist ein Beispiel dafür, wie Koalitionsinteressen einer Branche in nationales Recht mithilfe der nationalen Legislative fließen.

Sicherlich wird in den letzten Jahren immer häufiger bemängelt, dass es auf öffentliche Ausschreibungen immer häufiger keine ausreichenden Angebote des Baugewerbes mehr gibt. Dieses liegt zum ersten nicht immer am Baugewerbe, sondern sehr häufig an der Komplexität der Ausschreibungen selbst und zum zweiten an einer sehr guten Auslastung des Baugewerbes, das bei periodischer Vollauslastung zu Engpässen führen kann. Stetig ansteigende öffentliche Ausschreibungen werden in dieser marktwirtschaftlichen Ordnung dafür sorgen, dass auch die Kapazitäten der verschiedenen Gewerke in der Bauwirtschaft entsprechend angepasst werden. Dass das in einem zeitlichen Verzug stattfindet, ist normal und erfordert auf der Seite der Nachfragenden eine Portion Geduld. Die ist jedoch mehr als angemessen, denn die privat organisierte Bauwirtschaft muss die Kapazitäten auch bei abnehmender Nachfrage verwalten können, weshalb sie bei zunehmender Nachfrage entsprechend vorsichtig – im besten Sinne des Wortes – agiert. Öffentliche Auftraggeber mögen sich gerne über mangelnde Nachfrage bei steigenden Ausschreibungsvolumina beschweren. Wenn jedoch Überkapazitäten bei nachlassender Auftragslage entstehen, dann wird sich die öffentliche Hand nicht schützend vor die Baubetriebe stellen. Und wenn sie dieses tut – wie Bundeskanzler Gerhard Schröders Interventionsbeispiel bei der Firma Holzmann, Frankfurt zeigt – dann endet das schnell in einem noch größeren finanziellen Gesamtschaden.

Diese Branche teilt sich ins Bauhauptgewerbe und die Baunebengewerbe, sowie in den Hochbau und den Tiefbau ein. Im Baunebengewerbe sind die Handwerksbetriebe subsumiert. Der Tiefbau wird weit überwiegend durch öffentliche Auftraggeber auf allen Ebenen (Kommune, Land, Bund, EU) aktiviert. Der Hochbau wird demgegenüber spiegelbildlich überwiegend durch die privaten Auftraggeber aktiviert.

Dieser gesamte Bereich aller deutschen Bau- und Handwerksbetriebe funktioniert marktwirtschaftlich einwandfrei, weshalb es kaum Politiker gibt, die in diesem Bereich staatliche Interventionsmaßnahmen fordern. Das sollte auch besser so bleiben. Denn wenn der Staat in die Prozesse dieser geschichtlich gewachsenen Branche eingreifen würde, entstünden ähnliche Defizite, wie wir diese leider in den Branchen registrieren müssen, in die der Staat massiv interveniert hat, und unter dem Strich die Situationen verschlechtert hat (Landwirtschaft, Bergbau, Energie, Schienenverkehr, Gesundheitswesen, Immobilienwirtschaft, Finanzwirtschaft und Kultur). Dieses ist zumindest aus nationalliberaler Haltung heraus so einzuordnen. Eine sozialdemokratische Sicht kommt sicherlich zu anderen Interpretationen. Das erschreckende an der kostspieligen sozialdemokratischen Sicht ist, dass deren Grundprogrammatik seit den 00er Jahren nicht nur von den Linken und Grünen in noch extremerer Manier übernommen worden ist, sondern dass sich auch die CDU in allen genannten Wirtschaftsbereichen der Sozialdemokratisierung unterworfen hat, wider besseres Wissen. Die Marktwirtschaftler haben in der CDU keine Lobby mehr. Glücklicherweise darf hier festgehalten werden, dass in der CSU, der FDP und der AfD noch überwiegend marktwirtschaftliche Lösungen für die Wirtschaftsaufgaben unterstützt werden. Wenn die CDU auf diesen Pfad zurückkommen würde, wäre das für Deutschland gut. Bei der SPD darf man das zunehmend nicht mehr erwarten.

Ein gutes Beispiel dafür, wie ein Baumarkt nicht funktionieren sollte, liefert die Weltfinanzkrise von 2008. Über diese Krise ist überall und auch in Deutschland sehr viel geschrieben worden. Vor allem sind die Banken für Ihre Arbeitsweisen heftig kritisiert worden. Nur sehr wenige Fachleute haben darauf hingewiesen, dass der Ursprung des Bankencrashs in der Bauwirtschaft stattgefunden hat. Die übermäßige Hausbausubventionspolitik unter der Regierung von Bill Clinton hat zwar in den 90er und beginnenden 00er Jahren für einen Bau- und Eigentumsboom gesorgt, der jedoch nach abflachender Konjunktur und den damit leider verbundenen stark gestiegenen Privatinsolvenzen für eine große Schieflage in der gesamten amerikanischen Immobilienrefinanzierung gesorgt hat. Mit den dann bekannten schlimmsten Auswirkungen. Dieses ist ein weiteres Beispiel dafür, dass wieder einmal nicht der Markt, sondern stattdessen massive staatliche Interventionen zu einer Branchenkrise geführt haben. Wie sehr auch Sozialisten immer wieder die Weltfinanzkrise von 2008 dafür bemühen, die generelle Unbrauchbarkeit des Kapitalismus und der Marktwirtschaft nachzuweisen, so ist aus nationalliberaler Sicht auch bei diesem Ereignis festzuhalten, dass die eigentliche Ursache dieser Branchenkrise eben nicht durch den Markt verursacht worden ist.

Handel

Der Handel trägt 10 % zur nationalen Bruttowertschöpfung bei. Dieser Bereich ist national und auch im Export seit Jahrzehnten zunehmend erfolgreich. Er ist ein Musterbeispiel funktionierender Marktwirtschaft in einem gewaltig aufgefächerten Puzzlespiel. Verschiedenste Marktteilnehmer über große, mittlere und kleine Unternehmen bis hin zu den Konsumenten agieren in diesem Geschäftsfeld erfolgreich und politisch geführt nur durch die soziokulturell regelmäßig diffamierte „unsichtbare Hand“ des Marktes. Auch diese Branche hatte das Glück von übermäßigen staatlichen Interventionen verschont zu bleiben und seine Geschicke selbst in die Hand nehmen zu dürfen.

Der Bereich des Handels wird in Innen- und Außenhandel, Groß- und Einzelhandel unterschieden. Alles im vollständigen und erfolgreichen nationalliberalen Sinne marktwirtschaftlich organisiert. Deshalb braucht dieser Wirtschaftsbereich an dieser Stelle nicht vertiefend analysiert zu werden. Ein Punkt darf dennoch gemacht werden. An der Lohnpolitik anderer Branchen sollte sich auch diese Branche – und zwar selbstständig – ein Beispiel nehmen. Zuvörderst ist dazu notwendig, dass sich die Arbeitnehmer gewerkschaftlich in Gesamtheit organisieren. Hier herrscht in dieser Branche auch aktuell noch ein großes Manko. Ob „Verdi“, die überwiegend den öffentlichen Dienst vertritt, dafür die geeignete Gewerkschaft ist, das darf bezweifelt werden. Jedoch aktuell ist sie es und sie muss alles versuchen, um die Belegschaften des gesamten Handels zu einem Organisationsgrad von 50 % plus x zu bringen. Hier ist viel Luft nach oben. Dieser Verbesserung folgend würden sich dann auch zwangsläufig die Unternehmen im Rahmen der Koalitionsfreiheit anders organisieren, als das aktuell dürftig der Fall ist. Dieses Manko bei Arbeitsbedingungen und Tarifverhandlungen schmälert jedoch in keiner Weise die marktwirtschaftlichen Erfolge dieser Branche. Für die Nutzung seiner Rechte sind die Marktteilnehmer auch in Ihren Koalitionen selbst verantwortlich und nicht der Markt. Der Markt als allgemeiner Regelmechanismus darf nicht abstrakt dafür abqualifiziert werden, wenn einzelne Teilnehmer dieses Marktes Ihren Interessen nicht ausreichend nachkommen. Daran ändern auch die bekannten Marktverschwörungstheorien wie Kapitalismus, Semitismus oder Globalisierung nichts. Diese dienen in diesem Kontext nur einer vermeintlichen Entlastung von der eigenen gemeinschaftlichen Verantwortung.

Im Lebensmittelhandel als Bereich dieser Branche darf man als deutscher Mitbürger Jahr für Jahr wieder positiv überrascht werden, zu welchen Leistungen die Hersteller, die Vermarkter, die Marktbetreiber und Ladenbesitzer in der Lage sind. Lebensmittel sind notwendige Existenzgrundlage. Das müsste doch eigentlich Politiker auf den Plan rufen, diese Branche wegen solch einer existenziellen Dimension in staatswirtschaftliche Hand zu überantworten. Zur Sicherstellung der existenziellen Notwendigkeiten. Kein Politiker – selbst von den Linken – kommt auf diese Idee. Weshalb? Weil schlicht der Markt in diesem Bereich funktioniert. Und es gibt nichts über einen funktionierenden Markt. Weshalb? Weil bei einem funktionierenden Markt die Schlauheit und der Fleiß von tausenden und abertausenden Marktteilnehmern belohnt wird und das in einem fortwährenden millionenfachen Austausch an Informationen. Dieses komplexe Gebilde wird nie auch nur ansatzweise durch den schlauesten und effektivsten Politiker – wie wohlmeinend dieser auch immer motiviert sein möge –

ersetzt werden können. Man assoziiert an dieser Stelle automatisch wohlmeinende Politiker in Berlin, die durch ihre interventionistischen Ideen den Berliner Immobilienmarkt wieder flott machen wollen. Mit dieser politischen Motivation findet man sich schnell im Bereich der Illusion wieder. Aber, mehr zu dieser Assoziation unten bei Immobilien.

Auch der KFZ-Handel, der inklusive seiner Wartungsleistungen in diesem Bereich mit enthalten ist, ist ein weiteres Beispiel für einen beeindruckend gut funktionierendem Markt. Diesem Markt ist auch allemal zuzutrauen, die aufkommenden ökologischen Herausforderungen zu bewältigen.

Verkehr

Im Abschnitt Infrastruktur ist zu diesem Thema oben schon eine nationalliberale Einordnung vorgenommen worden. Diese berührt neben den Fragen der Netzbetriebe auch die marktwirtschaftliche Einordnung. Denn diese lebt hier von der abgegrenzten Verantwortlichkeit zwischen Netzbereitstellung und Netznutzung. Hier geht es um Netznutzung. Insgesamt trägt der Verkehr 4,6 % zur Bruttowertschöpfung Deutschlands bei.

Straßenverkehr

Im Straßenverkehr führt das zur klaren Zuordnung der Kommunal-, Landes- und Bundeszuständigkeiten. Aus nationalliberaler Sicht soll vor allem die Durchlässigkeit gewahrt werden. Diese wird von den aktuell einflussreichen Staatsakteuren durch die Punkte Überbudgetierung, Übersicherung, Verkehrswegeplanung, Überregulierung und Bahnfehlregulierung übermäßig eingeschränkt. Es sind zu viel Steuermittel im Spiel, die Jahr für Jahr verbaut werden müssen. Das führt dazu, dass die Wartung, Renaturierung und Neubau nicht nach deren Notwendigkeiten, sondern nach den verfügbaren Budgetmitteln priorisiert werden. Dieses führt insbesondere im Autobahnbau zu massenhaften und periodisch auf gleichen Abschnitten schnell wiederkehrenden Baustellen, die hauptursächlich für die ebenfalls massenhaften Staus in Deutschland sind. Autobahnen müssen technisch so gebaut werden, dass diese zumindest eine Generation allen Ansprüchen genügen. Dass das machbar ist, das ist gerade in Deutschland lange Zeit bewiesen worden. Gerade nach der Wiedervereinigung wird dieser Anspruch auf fast allen neu gebauten Autobahnen nach 1990 konterkariert. Sämtliche Abschnitte auf der A9 zwischen Berliner Ring und Hermsdorfer Kreuz sind seitdem zumeist dreimal generalüberholt oder komplett neu gebaut worden. Egal welche bautechnischen Ausflüchte hier in der Öffentlichkeit vorgebracht werden, das Bundesbauministerium ist in diesem Bereich seiner Kernaufgabe dauerhaft funktionierende Bundesautobahnen bereitzustellen nicht nachgekommen. Ermöglicht werden die immer wieder neu aufgelegten Baumaßnahmen durch

ein aufgeblähtes Budget in dieser Behörde, das General-
überholungen im Autobahnbau in kurzen Abständen immer wieder möglich macht. Wenn dieses Budget halbiert
werden würde, dann würden alle Kraftfahrzeugfahrer
immer noch feststellen können, dass die Restbeschaffen-
heit der genutzten Autobahnen ausreichend ist. Die A9 ist
ein Musterbeispiel für diese Überbudgetierung, die für
den Autobahnbau insgesamt in ganz Deutschland gilt.

Der Punkt Verkehrssicherheit ist wichtig. Für alle Beteiligten und insbesondere für Kinder, Jugendliche und
Rentner. Es ist jedoch nicht angemessen, wenn nur noch
auf die Sicherheit geachtet wird, weil das zulasten der Ver-
kehrsdurchlässigkeit führt. Jeder Verkehrsunfall führt
zwangsläufig dazu Sicherheitsaspekte zu überprüfen. Das
sollte jedoch nicht immer dazu führen den Verkehr einzuschränken. Aus Fehlern, die Einzelnen passiert sind,
sollten nicht regelmäßig Regeln folgen, die tagtäglich für
alle Verkehrsteilnehmer Erschwernisse mit sich bringen.

Soziale Politik könnte man auch so übersetzen es allen
und jedem recht machen zu wollen. Das kann man bei
Flugreisenden und Autofahrern und in unzähligen anderen politischen Beispielen immer wieder entdecken,
und so auch in der wuchernden Überregulierung des
deutschen Straßenverkehrs. Es muss nur irgendwo ein
schlimmer Unfall wegen eines massiven Fehlers eines
Verkehrsteilnehmers passieren, und man muss diesem
gerecht werden. Man beseitigt die Fehlerquelle mit einer Einschränkungsmaßnahme und meint damit etwas
verbessert zu haben. Unter den Teppich gekehrt wird die
millionen- und milliardenfache Nutzung dieser exakt

gleichen Verkehrssituation, die durch eine Schutzmaßnahme für den Einzelfall, erschwert wird. Die Schutzmaßnahmen für die verschiedensten Einzelfälle führen
zu Tempo-, Ampel- und Kontrollregulierungen, die die
Normalregulierung des Straßenverkehrs überfrachtet.
Jeder Verkehrsteilnehmer – egal ob per Pedes, per Rad
oder per Auto kann dieses Tag für Tag überall in Deutschland erleben.

Dieses ist das Ergebnis einer sozialistischen Verkehrs-
politik, die auch im letzten Winkel glaubt, vorsorgen zu
müssen, und die versammelte Urteilskraft aller Verkehrsteilnehmer damit missbilligt. Nationalliberale Verkehrs-
politik setzt den § 1 STVO in den Mittelpunkt seiner Ver-
kehrsregulierung, wissend, dass alle Verkehrsteilnehmer
aufeinander aufpassen – sofern sie nicht fahrlässig oder
schlimmer handeln. Die Bekämpfung der Fahrlässigkeit
findet natürlicherweise erst nachrangig in der Verkehrs-
regulierung statt. Die nationalliberale Stoßrichtung führt
zur Abschaffung von Ampeln, Tempobegrenzungen und
Fahrbahnreduzierungen und geht in Richtung Förderung von Kreisverkehren und Spurmehrfachnutzungen.

Verkehrswegeplanung: Als Erstes kommen die Fußgänger. Das normalste Fortbewegungsmittel aller, das na-
türlichste, das umweltfreundlichste. Es ist erstaunlich,
dass diese üblichste Fortbewegung verkehrspolitisch völlig verdunkelt ist. In der Wegzuteilung muss zuvörderst
auf die Fußgänger geachtet werden. Danach darf man
schauen, ob für Pferde, Fahrräder, Eisenbahnen, Last-
kraftwagen, Busse, Motorräder und Autos, und zwar in
dieser Reihenfolge, genug Weg ist. Warum: Weil dieses

der natürlichen Entwicklung des menschlichen Verkehrs entspricht. Grundsätzlich sollte man jede politische Ordnung nach der Natur richten, weil diese automatisch der Umwelt am gerechtesten wird. Pferde als nächst natürliches Fortbewegungsmittel sind in Deutschland zwar reichlich aus der Mode gekommen. In einem Szenario zunehmender Energieknappheit kann das Pferd dennoch schnell wieder in Mode kommen. Viele Verkehrsteilnehmer werden bei Verdreifachung oder Vervierfachung der Kosten für die Fortbewegung mit anderen Verkehrsmitteln schnell die Vorzüge, dieses tierischen Fortbewegungsmittels zu schätzen wissen. Wege und Straßen dafür sind reichlich vorhanden. Verboten sind Pferde zum Glück auch noch nicht. Der CO2-Fußabdruck verkleinerte sich multipel und sofort.

An dieser Stelle kommt man zwangsläufig auf die politischen Diskriminierungen und Bevorzugungen der verschiedenen Verkehrswege gegeneinander. Am augenfälligsten ist die Diskrepanz zwischen Kraftstoff getriebenen Land- und Luftfahrzeugen. Obwohl Flugzeuge pro Passagier 3 bis 4 Mal mehr die Umwelt belasten als demgegenüber Kraftfahrzeuge, werden die Kraftfahrzeuge steuerlich in Deutschland um einen ähnlichen Faktor steuerlich mehr belastet. Absurd: Seit mindestens 40 Jahren kümmern wir uns in Deutschland um optimale Umweltpolitik, jedoch pro Person gerechnet, wird der normale Autoverkehr gegenüber Flugverkehr um einen mehr als 10-fachen Faktor diskriminiert. Wenn man ökologisch nach vorne kommen will, dann müsste diese Diskriminierung als erstes abgeschafft werden. Egal in welche Richtung das passiert, innerhalb kürzester Zeit würde allen Deutschen deutlich werden, wie reell der Autoverkehr und wie außerordentlich teuer demgegenüber der Flugverkehr ist. Ein Nebeneffekt wäre dabei natürlich, dass die Globalisierungsfreude, die sich im Geschäft und Urlaubsleben in sämtliche Himmelsrichtungen frei ausleben darf, ein deutlich spürbares Zurechtrücken erfährt. Zur Freude der Natur und der allgemeinen Gesundheit.

Das Thema Verkehrsfehlregulierungen ist im Vorherigen schon etwas verdeutlicht worden. Sie verdienen es jedoch präziser in den Blick genommen zu werden, weshalb die politisch erzeugten Marktverzerrungen in der allgemeinen Verkehrswegeplanung im Folgenden genauer beleuchtet werden.

Schienenverkehr

Ein Schienenverkehrsmarkt hat bis in die 90er Jahre nur als Monopolmarkt gegenüber anderen Verkehrsträgern existiert. Dieser Monopolmarkt hat bis dahin dem Bundeshaushalt Schulden zugewiesen, keine konkurrenzfähigen Leistungen im Passagierbetrieb angeboten und noch weniger konkurrenzfähige Leistungen im Güterverkehr angeboten. Die Bahnreform Ende der 90er Jahre sollte dem, ähnlich wie in anderen vorher staatsmonopolistischen Netzbetrieben, ein Ende machen. Dieses ist leider bis heute nicht gelungen, weshalb die dauerhaft schlechten Angebote in diesem überregulierten Markt tagtäglich für öffentliche Mängelberichterstattungen sorgen, die den Netzbetrieb, den Personen-, den Güterverkehr und auch alle sonstigen Serviceleistungen betreffen, die in diesem Markt produziert werden. Der Schienenverkehr ist noch nicht einmal mit 10 % an der gesamten bewegten Verkehrsmenge beteiligt. Diese miserable Quote ist zuvörderst auf mangelhafte Marktbedingungen zurückzuführen, für die die erste große Koalition unter Angela Merkel unter Federführung des damaligen Verkehrsministers Wolfgang Tiefensee die Hauptverantwortung tragen. Sie wollten diesen Markt neu und effizient regeln und sind dabei ganz tief gelandet. Weshalb? Weil sie sich nicht gegen das Interesse der Bahn AG und nicht für das Interesse des Landes durchsetzen konnten. Die Bahn AG ist seit damals nach wie vor sowohl für den Netzbetrieb und den Netzverkehr zuständig. Das führte zu der weiteren monopolistischen Verquickung aller möglichen Leistungen in einem Betrieb, bei weitestgehender Eliminierung von Konkurrenzverhältnissen.

Das im deutschen Schienengüterverkehr immer noch keine gesunden marktwirtschaftlichen Bedingungen entwickelt worden sind, ist gerade vor dem Hintergrund des allgemeinen Bestrebens nach ökologischer Ressourcenschonung schon als grotesk zu bezeichnen. Was hätte von Tiefensee, Merkel und anderen Verantwortlichen damals gemacht werden müssen. Einfach: Das Schienennetz wird von der Nation bereitgestellt. In moderner State of the Art Qualität. Genau wie die Straßen, Wasserwege oder Stromleitungen. Niemand anderes als eine nationale Behörde, die bestenfalls Landes- und Kommunalbehörden mit in den Bau und die Bereitstellung des Schienennetzverkehres mit einbinden kann, ist für diese nationale Infrastrukturaufgabe und Marktvoraussetzung einzusetzen. Dieser Schienennetzbetreiber hat auf der Schiene einen diskriminierungsfreien Wettbewerb zu gewährleisten. Der Wettbewerb der Beförderungsleistungen, ob lokal, regional, national oder international ist dem freien Markt zu überlassen, in dem die Anbieter mit Verbindungen, Technik, Services, Preisen, Verlässlichkeit und vielen weiteren Leistungsmerkmalen um Ihre Kunden werben. Unter diese Anbieter hätte sich auch die Bahn AG einreihen müssen. Der gesamte Netzbetrieb hätte ausgegliedert werden müssen an eine staatliche Behörde. Das ist bis heute nicht geschehen. Deshalb die nicht enden wollenden Beschwerden über Bahndienstleistungen an allen Orten und in allen Bereichen in Deutschland. Nationalliberale Schienenpolitik ist einfach. Auf dem staatlich bereitgestellten Schienennetz wird sich ein Beförderungswettbewerb entwickeln, der das allermeiste von dem, was man in der Gegenwart in dieser Branche erleben und oft erdulden muss, in den Schatten stellen wird. Es gibt für den Erfolg marktwirtschaftlicher Bedingungen im Schienenverkehr gute Beispiele in anderen Nationen.

Luftverkehr

Der Luftverkehrsmarkt in Deutschland funktioniert. Man könnte sagen, dass er zu gut funktioniert – im Verhältnis zum Straßen- und Wasserverkehr und noch mehr im Verhältnis zum Schienenverkehr. Die Grundstruktur einer staatlichen Luftraumüberwachung, Flughäfen, die in der Hauptsache in Länderobhut stehen und einem internationalen und freien Flugleistungsmarkt steht. Das soll so bleiben. Nur ist dieser Flugmarkt steuerlich gegenüber den anderen Verkehrsträgern um ein Vielfaches bevorzugt. Gerade mit Rücksicht auf den CO2-Komplex ist aus nationalliberaler Sicht die Kerosin-Besteuerung sofort auf das gleiche Level anzusetzen, wie dieses bei Benzin und Diesel der Fall ist. In nationaler Sicht ist diese Steuer unabhängig davon anzusetzen, wo das Flugzeug betankt wird. Bemessungsgrundlage für die Kerosinsteuer ist die Flugleistung im deutschen Luftraum. Dieses ist ein klassischer Fall, in dem der EU-Luftraum eine effektivere Bemessungsgrundlage wäre, nur weiß man, dass in den letzten Jahrzehnten höhere Belastungen des Luftverkehrs an internationalen Rücksichtnahmen gescheitert sind. Internationale oder EU-Rücksichtnahmen entbinden nicht von vernünftiger und diskriminierungsfreier nationaler Wirtschaftspolitik. Natürlich wird so der Luftverkehr teurer, aber er wird gegenüber den anderen Verkehrspreisen und in dessen Folge gegenüber der Ressourcenschonung gerechter. Wenn man die Kerosinsteuer an das Level der PKW Kraftstoffe anpasst, dann müsste diese Steuer vervierfacht werden. Wenn man dann den CO2 Verbrauch gerecht auf Luftpassagiere und Kraftverkehrsteilnehmer aufteilen möchte, dann müsste die Steuer auf Kerosin noch einmal vervierfacht werden. Insgesamt müsste diese Steuerlast also mit ungefähr 16 multipliziert werden. Das ist an dieser Stelle grob gerechnet. Es kommt hier darauf an, die Methode deutlich zu machen, wie an dieser Stelle die CO2 Problematik gelöst werden kann.

Fahrradverkehr

Der Fahrradverkehr verdient hier gerade wegen seiner einfachen und ressourcenschonenden Bewegungsmöglichkeit seinen Platz. Es werden nur wenig mehr Ressourcen verbraucht, als beim Gehen oder Laufen, und sogar weniger als bei Verkehrsnutzung von Esel oder Pferd. Alle weiteren motorisierten Verkehrsmittel sind unter diesem Aspekt belastender. Dieses erwirkt die Priorisierung des Radweges direkt nach dem Bürgersteig. Erst Bürgersteig, gleichzeitig daneben Radfahrweg und dann Straßen und Schienen für alle anderen Verkehrsteilnehmer. Natürlich sind alle Verkehrswege von volkswirtschaftlicher Bedeutung. Deswegen kommt man trotzdem nicht um diese Priorisierung herum. Die Priorisierung des Radweges als zweitwichtigster Weg im Straßenbau führt automatisch zu besseren Marktverhältnissen im gut funktionierenden und nicht staatlich organisierten Fahrradmarkt.

Recycling

Zum Wirtschaftszweig Verkehr gehört auch das Recycling. Nicht benötigte Fußgängerwege, Radfahrwege, Straßen, Schienen, Untertunnelungen, Brücken, Wasserwege und Flughäfen sind zu überprüfen, gegebenenfalls einzustellen und danach vor allem zu renaturieren. Hier liegt eine enorme Menge an Flächen, die gegenüber den positiven Wirkungen einer umweltfreundlichen Renaturierung als überflüssig erscheinen.

Im Kern steht Recycling für die optimale Rückführung verbrauchter Güter, die in diesem Kontext gemeinhin als Müll bezeichnet werden. Es gilt zuerst Müll zu vermeiden, danach Müll zu verwerten und erst wenn unumgänglich Müll zu deponieren. Auf diesem gesamten Handlungsstrang gibt es viele Konzepte, den Stoffkreislauf nach Verbrauch und Nutzung der Güter zu verbessern. Wichtig ist es hier zu vermerken, dass Recycling keine Erfindung der Neuzeit, und schon gar nicht der letzten Jahrzehnte ist. Recycling gab es schon immer. Je weniger Güter Menschen zur Verfügung standen, desto mehr haben Menschen in Ihrer Geschichte auf eine optimale Wiederverwertung verbrauchter Güter geachtet. In Deutschland ist über die Jahre ein praktikables System entstanden, das Kommunen, privatwirtschaftliche Recyclingunternehmen, Handel, Industrie und Bürger auf unterschiedlichste und produktive Art und Weise in diesen Prozess einbindet.

Probleme entstehen in letzter Zeit vermehrt durch wilde Müllplätze an wenig belebten Stellen. In Berlin ist das auch zu beobachten. Hier gäbe es eine einfache Medizin dagegen. Die Recyclinghöfe der Berliner Stadtreinigung müssten Ihre Gebühren abschaffen. Damit wäre vieles von der kostenlosen Müllbeseitigungsmotivation an entlegenen Plätzen verflogen. Die Verbesserung des Recyclings ist ein fortlaufender Prozess, der immer Möglichkeiten in sich birgt.

Gastronomie

Die Gastronomie trägt 1,6 % zur Bruttowertschöpfung in Deutschland bei. Die Gastronomie ist streng privat- und marktwirtschaftlich organisiert. Natürlich wird der Begriff auch in diesem Geschäft durch die allgemein regulatorischen Rahmenbedingungen beschränkt, so wie diese insbesondere den Gesundheits-, Jugend- und Arbeitsschutz betreffen. Dennoch arbeiten die Akteure in diesem Markt frei von staatlichen Interventionen. Im Gegenteil: Staatliche Institutionen bedienen sich gerne bei den Privatanbietern. Die Leistungsfähigkeit dieses Marktes in Deutschland ist überzeugend. Selten kommt es zu Mängelberichterstattungen in der Öffentlichkeit. Wenn das der Fall ist, dann ist man immer gut beraten den Anteil sowohl des Anbieters als auch den des Konsumierenden an der jeweiligen Mängelberichterstattung zu berücksichtigen. Dadurch wird dann noch zusätzlich einiges, was dieser Branche an Mängeln zugeschrieben wird, gemindert. Die Immigrationskrise nach 2015 hätte viel mehr Probleme bereitet, wenn diese nicht auf die elastischen Kapazitäten der Gastronomie hätte zurückgreifen können. Das Essen, das Ruhen und das Schlafen sind existentiell wichtige Bedürfnisse aller Bürger. Diese existentiellen Bedürfnisse werden von dieser Branche in Deutschland bestens bedient. In der DDR konnte man in Deutschland die direkte Erfahrung machen, wenn der Staat zum überwiegenden Teil die vielfältigen Aufgaben dieser Branche übernimmt. Das Ergebnis war generell dürftig, ohne jetzt in die vielen Einzelbeispiele dafür einzutauchen. Ein weiteres Beispiel dafür, das Marktwirtschaft funktioniert, auch wenn diese mit existentiellen Bedürfnissen handelt.

Infokom

Der vom Statistischen Bundesamt definierte Wirtschaftssektor „Information und Kommunikation", hier fort folgend auf Infokom abgekürzt, trägt immerhin 4,7 % zur nationalen Bruttowertschöpfung bei. Dieser umgangssprachlich als Medienmarkt bezeichnete Wirtschaftszweig, wird vom Statistischen Bundesamt in die Teilmärkte Verlagswesen, Filmindustrie, Musikindustrie, Rundfunk, Telekommunikation, Informationstechnik und Informationsdienste unterteilt. Im Großen und Ganzen ist dieser Wirtschaftszweig mit seinen verschiedenen Branchen marktwirtschaftlich organisiert. Wenn Probleme auftauchen, dann tauchen diese wo auf? In Branchen und Teilbereichen, in denen übermäßig staatlich interveniert wird, aus verschiedenen Gründen. Das Thema in diesem Abschnitt ist auch hier das reine volkswirtschaftliche Gelingen in jedem hier besprochenen Teilbereich. Es geht nicht um Ideologie, und schon gar nicht darum ob, es sinnvoll sein könnte eine Ideologie gegen eine andere zu priorisieren und dazu möglicherweise Mittel in diesen Märkten durch staatliche Interventionen zu gewinnen. Das ist hier nicht das Thema. Dazu mag es vereinzelt gute Gründe geben. Hier geht es um wirtschaftliche Effizienz, die im Ergebnis dazu führt, dass bei gleichem Arbeitseinsatz die Leistungen besser werden und dass gleiche Leistungen mit weniger Arbeitseinsatz erreichbar sind.

Verlagswesen

Das Verlagswesen, das im wesentlichen Zeitungen, Zeitschriften und Bücher umfasst, funktioniert in Deutschland gut. Mit den üblichen regulatorischen Rahmenbedingungen, die aus sich heraus jeder Markt sich auch zwangsläufig selbst gibt, wofür das Verlagswesen ein Musterbeispiel ist, erreicht das Verlagswesen ohne staatliche Intervention oder Bevormundung einen guten volkswirtschaftlichen Output. Man darf das in jedem besseren Kiosk und in den täglichen Presseschauen genießen. Unter Wirtschaftsdruck gerät diese Branche durch die technischen Fortschritte bei Informationstechnik und Informationsdiensten.

Das Verlagswesen versucht diesen Druck auszugleichen, indem es versucht kompatible Teile der Informationstechnik (kurz IT) und der Informationsdienste (kurz ID) in sein eigenes Portfolio zu übernehmen. Das Problem, dem es dabei begegnet, liegt in den global gültigen gleichen Standards dieser beiden Bereiche. Diese wären an sich noch unproblematisch. Das Kernproblem ist das Unternehmertum, dass sich auf diese global gleichen Standards in IT und ID aufsetzt und vor keiner Nation, Region oder Kommune Halt macht. Was an der Schwierigkeit des deutschen Verlagswesens deutlich wird, das diesem Druck aus IT und ID versucht standzuhalten, das ist das mangelhafte Unternehmertum in Deutschland in diesen beiden Teilbereichen. Das hat Gründe. Diese Gründe liegen wieder in übermäßigen staatlichen Interventionen begründet. Aber dazu mehr später. Das Verlagswesen wird unweigerlich in der Konkurrenz gegenüber IT und ID zu leiden haben und wird dabei maximal in dem Sinne Druck aus dem Kessel nehmen können, in dem es unternehmerische Aufgaben aus diesen beiden Bereichen selbst übernimmt. Dass es dabei oft bei Versuchen bleibt, das konnte in den letzten 2 Jahrzehnten an vielen Beispielen mitverfolgt werden.

Inhaltsproduktion

Die Musikindustrie in Deutschland mag nicht die allergrößten Erfolge verzeichnen, gerade wenn man sie mit dem englischen oder gar amerikanischen Markt vergleicht. Das ist jedoch vor allem sprachlich begründet. Auf dem deutschsprachigen Musikmarkt bezogen funktioniert das Geschäft. Es ist marktwirtschaftlich organisiert.

Ein Marktproblem gibt es in der Filmindustrie. Die Kinos, überleben seit jeher in der Hauptsache durch amerikanische und weniger durch englische, französische und italienische Filmimporte. Dieses Importgeschäft wird übrigens unreguliert durch die Leistungskraft der deutschen Synchronsprecher massiv unterstützt. Das macht nicht jedes Land so. Aber es ist gut, es geht hier um die Wirtschaftsleistung. Das Marktproblem entsteht nicht durch ausländische Filme, sondern durch die mangelhafte inländische Filmindustrie. Warum bringt die inländische Filmindustrie nur selten Blockbuster zustande? Es ist die gleiche Antwort, wie in vielen Beispielen in diesem Buch vorher und nachher.

Es sind die übermäßigen Interventionen des Staates. Es ist die viel beschworene Filmförderung in Deutschland, die sich hier jedes einzelne Bundesland leistet. Alle die, die in der Filmförderung tätig sind oder direkt von ihr profitieren, würden sofort behaupten, dass mehr Förderung nötig wäre, um endlich mehr Kassenschlager zu liefern. Das Gegenteil ist der Fall. Weniger Förderung wäre besser. Am besten wäre keine Förderung. Erstens wäre statt dieses Luxus die Kassenlage des Finanzamtes und am Ende die Kassenlage jedes Mitbürgers nach Abzug der aufgewendeten Mittel für die Filmförderung besser. Zweitens wäre der Markt frei für alle Filmschaffenden Filmproduktionen zu schaffen, die vornehmlich an der Kinokasse Erfolg haben müssen. Alle Filmschaffenden wären nicht mehr der Konkurrenz von überwiegend subventionierten Filmen ausgesetzt, die erst von verschiedenen Kunstgremien genehmigt werden mussten. Ob diese subventionierten Produktionen dann zwangsläufig Werbungen für den deutschen Film gewesen sind, darf in vielen Fällen bezweifelt werden. Das wichtigste Ergebnis jedoch wäre, dass das privat eingesetzte Kapital in der deutschen Filmproduktion ganz andere Entwicklungs- und Gewinnmöglichkeiten hätte, wenn die Menge am Staatstropf hängender Filme die Spielzeiten in den Kinos nicht länger blockieren würden. Es würden sich dann unabhängig von Förderungen neue Cluster bilden, die dann die Namen der Hochburgen für die Filmherstellung immer wieder aufs Neue verdienen.

Neben der ersten Staatsintervention Filmförderung ist in dieser Branche die noch massivere Staatsintervention öffentlich-rechtlicher Rundfunk (kurz ÖRR) zu nennen –

zumindest in der Ausprägung wie dieser in Deutschland stattfindet. Neben der dadurch künstlich reduzierten Kapital- und Produktionsunterstützung für die Filmindustrie werden die Zweit- und Drittverwertungen dieser durch immer präsente und Interessen gesteuerte Gremien auch inhaltlich eingeschränkt. Einige Sportarten haben es geschafft sich aus der ÖRR Beschränkung zu befreien. Das gelingt natürlich auch Filmschaffenden – mit oder ohne Filmförderung. Insgesamt jedoch ist der ÖRR mit allen seinen Nebenwirkungen ein gewaltiger interventionistischer Klotz am Bein der Filmindustrie.

Rundfunk

Zur grundsätzlichen Fehlentwicklung des Rundfunks, immer verstanden als Radio und Fernsehen, habe ich oben im Kapitel Infrastruktur einige wichtige Aspekte herausgearbeitet, wie zum Beispiel die Vermischung zwischen Netzbetrieb und Inhalten. Der Markt des Rundfunks funktioniert nicht angemessen. Es wird, wie oben näher beschrieben, nicht sauber zwischen Netzbetreibern, Inhaltsproduzenten und Inhaltshändlern unterschieden. Damit werden Verantwortlichkeiten verwischt. Das führt zu Verschwendung von Ressourcen, weil viele Teilnehmer Dinge in diesem Markt tun, für die sie gar nicht direkt zuständig sind und es somit zu vielen sich überschneidenden Tätigkeiten kommt. In dieser Gemengelage wird nun zwischen ÖRR, Free-TV und Pay-TV unterschieden. Alle diese drei Unternehmensgruppen behindern sich gegenseitig. Der ÖRR zieht mit einem national verordneten Zwangsgeld Jahr für Jahr Milliardenbeträge ein, die irgendwo in den ÖRR Anstalten versickern, jedoch nur zu einem kleinen Teil dort ankommen, wo diese Mittel ankommen sollten, nämlich in einem guten Programm. Die Einnahme der ÖRR-Gebühren über die Anzahl der genutzten Geräte bis 2012 war schon anachronistisch. Die Zwangseinziehung eines festen monatlichen Satzes an ÖRR-Gebühren nur anlässlich des Hauptwohnsitzes ist im Verhältnis zur völligen Variabilität des modernen Rundfunkkonsums nur als absurd zu bezeichnen. Es gibt spätestens seit Beginn dieses Jahrhunderts verschiedene einfach umzusetzende Möglichkeiten, Rundfunkgebühren in Rechnung zu stellen. Eine Zwangsgebühr ist jedenfalls nicht erforderlich.

Der milliardenschwer Zwangs-gestützte ÖRR macht es für den Free-TV Sektor eng. Dieser versucht sich trotzdem weiterzuentwickeln, was – geschuldet den enormen Möglichkeiten, die in dieser Branche existieren – auch zum Teil gelingt. Zwei große Free-TV Anbieter als echte Konkurrenz zum ÖRR haben sich seit der Zulassung von Free-TV im Rundfunkmarkt behaupten können. Bei besserer Regulierung des ÖRR hätten dieses seit den 80er Jahren wesentlich mehr sein können.

Genauso wie dem Free-TV ergeht es dem Pay-TV, das durch den ÖRR in Deutschland ebenfalls unverhältnismäßig eingeengt wird. Dennoch behauptet sich Pay-TV gegenüber den Konkurrenten in seiner Branche, weil es die Chancen in lukrativen Sparten erkannt hat und diese unter Einsatz massiven Kapitals zunehmend nicht nur zum Rundfunkerfolg, sondern auch zum Finanzerfolg führt.

Das alles könnte anders sein, wenn man die notwendige Infrastruktur einhält, wenn die ÖRRs sich auf das beschränken, für das sie gerechtfertigter Weise da sind, wenn daneben alle privaten Rundfunkanbieter gleichberechtigt und mit fairen Chancen am Markt teilnehmen könnten, und wenn alle Marktteilnehmer samt und sonders, marktgerechte Preise machen würden. Preise, die den Kunden immer die Möglichkeit bieten diese für das ausgewählte Produkt zu akzeptieren oder abzulehnen. Entscheidungsfreiheit. Der kontinuierliche Motor marktwirtschaftlicher Entwicklung. Auch im Rundfunkmarkt ist Entscheidungsfreiheit bitter nötig. Der aktuell eingezogene Rundfunkbeitrag ist das Gegenteil dessen. Der Rundfunkbeitrag in seiner aktuellen Zwangseinzugsweise widerspricht in allen seinen Aspekten nationalliberalen Preiskriterien.

Telekommunikation

Der Telekommunikationsmarkt ist im Gegensatz zum Rundfunk- oder Schienenmarkt ein Beispiel dafür, zu was eine halbwegs gelungene Marktregulierung beitragen kann. Diese kann zu einer außerordentlichen Vervielfältigung des Angebotes bei gleichzeitigem überproportionalem Wachstum führen.

Seit der Liberalisierung ab 1.1.1998, der Überwachung diskriminierungsfreier Netzzugänge durch die Bundesnetzagentur und der Zulassung von Konkurrenzbetrieben gegenüber dem vorherigen Monopolisten Post ist ein florierender Markt mit enormen Wachstumszahlen entstanden. Man hätte es gemäß den hier immer wieder angesprochen Kernprämissen für eine funktionierende Infrastruktur sicherlich noch besser machen können. Aber es war seit 1998 in jedem Fall ein guter Einstieg in die Marktwirtschaft.

Im Bereich Mobilfunk ist von Beginn der 90er Jahre erfolgreich auf Marktwirtschaft gesetzt worden. Frequenzen wurden ausgeschrieben und durften von Privatunternehmen ersteigert und genutzt werden. Die bisherige Leistungskraft kann sich sehen lassen. Von den drei großen privatwirtschaftlichen Netzbetreibern – auch wenn der Bund noch wesentliche Aktienanteile an der Deutschen Telekom hält – werden, zusammen mit einer ganzen Reihe von kleineren Tarifanbietern, Mobiltelefonie und mobiles Internet flächendeckend und bezahlbar angeboten. Betrachtet man die Regulierung der aktuellen Infrastruktur, dann liegt es in der Natur der Sache, dass nicht auf jedem fast unbewohnten Fleck in Deutschland die maximalen Mobilfunkleistungen bereitgestellt werden und dass teilweise sogar gar kein Mobilfunknetz erreicht werden kann. Rein privatwirtschaftlich geregelt darf dieses Ergebnis in einer Netzinfrastruktur nicht überraschen, denn natürlich wird technischer Fortschritt angewandt, der bei bestimmten Mobilfunkstandards frühzeitig zu Ausbaustopps führen kann. Und natürlich spielen im marktwirtschaftlichen Konzept auch immer Kosten/Nutzen Analysen eine Rolle.

Wenn eine Bundesregierung nun das erklärte Ziel ausgibt, überall und ausnahmslos in Deutschland mobiles Highspeed Internet für alle Bürger zu jederzeit bereitzustellen, dann muss sie dafür die geeigneten Regulierungen festlegen. Die sind vom Aufbau einfach. Der Bund, im Sektor Mobilfunk durchaus zusammen mit den Ländern und Gemeinden, sorgt für den flächendeckenden Ausbau des Mobilfunknetzes. Damit wäre die Flächendeckung gewährleistet. Auf dieses Mobilfunknetz setzen die Mobilfunkanbieter Ihre Dienste auf. Den Mobilfunkanbietern werden Schnittstellen angeboten, die von diesen komplett bedient werden müssen. Auf diese Basis wird die Angebotspalette gesetzt. Ob dieser Prozess dann mit Ausschreibungen, Versteigerungen oder Zulassungen geregelt wird, ist zweitrangig.

Die marktwirtschaftlichen Grundsätze wären eingehalten. Die nationale Netzabdeckung ebenso. Wo die genauen Schnittstellen des Netzbetreibers und der Mobilfunkanbieter lägen, ließe sich leicht festlegen. Wenn eine Bundesregierung stattdessen verfügbare Funkfrequenzen so teuer wie möglich verkauft und Unternehmen in diesem schnelllebigen Wettbewerb von Netzaufbau bis zum Mobilfunkvertrags alles Weitere überantwortet, dann ist es zu billig sich zu wundern, dass nicht alles erfüllt wird, was man sich politisch erträumt hat.

Nationalliberaler Verantwortung gerecht zu werden heißt auch in dieser Branche wieder, dass sich der Staat mit Bund, Ländern und Gemeinden um die Sicherung eines modernen Netzbetriebes kümmern muss, auf dessen Sicherung dann eine florierende Marktwirtschaft stattfinden kann.

Informationstechnik

Die Informationstechnik liefert ein Musterbeispiel für die Funktionstüchtigkeit der freien Marktwirtschaft. Letztlich profitieren alle Nutzer vom stetigen Fortschritt bei Prozessoren, Speichermedien, Betriebssystemen oder Software. Da diese Marktwirtschaft aus eigenem Interesse global standardisiert ist, entwickelt sich diese auch global. Der informationstechnische Markt in Deutschland funktioniert auch. Entgegen allgemein verbreiteter Meinung gibt es neben Microsoft, Apple, IBM, Lenovo, HP, Oracle oder wen man sonst gerne als globalen Player dieser Industrie heranzieht mit SAP auch einen deutschen Player, der in der globalen IT-Liga mitspielt. Andere große Unternehmen haben diesen Zug verpasst, aber vielleicht können sie wieder aufholen oder es entstehen neue große deutsche Unternehmen in diesem Zukunftsmarkt. Die Politik darf man in diesem Segment gerne einmal aus der Schuld nehmen.

Informationsdienste

Rechenzentren, Hoster, Webportale und Nachrichtenbüros werden im Sektor Infokom auch Informationsdienste genannt. Die Marktwirtschaft funktioniert gut. Vielen zu gut. Verantwortliche in Datenschutz, Presse, Rundfunk, Judikative oder Politik behaupten immer mehr, dass die Informationsfreiheit zu weit geht. Mit der internationalen Entwicklung dieser Sparte über Dienste wie Google, Wikipedia, Facebook, WhatsApp, YouTube,

Twitter, Windows live, Opera, Amazon, Ebay und viele
andere hat sich seit der Jahrhundertwende eine Revolution der Informationsverfügbarkeit und Informationsbe-
reitstellung in allen denkbaren Dimensionen entfaltet.
Informationsverfügbarkeit, -gebrauch und -verwendung
ist dem jeweiligen Establishment, solange es Menschen
gibt schon immer unangenehm. Denn es finden zwangsläufig Hinterfragungen des Establishments in allen gesellschaftlichen Teilbereichen statt, die sich diejenigen,
die in diesen Teilbereichen führen ersparen könnten –
obwohl sie natürlich vor laufender Kamera gegenteili-
ges behaupten. Hinterfragungen, die in der Gegenwart
ausnahmslos vom gesamten Publikum erwirkt werden
können, sind immer eine potenzielle Gefahr für jeden
Machthaber egal in welcher Position – und sei es, dass
sich schlichtweg neue Koalitionen gegen den jeweiligen
Machthaber bilden, die es vorher nicht gab und diesem
seine Arbeit – wie rechtschaffen auch immer diese sein
mag – erschweren. Diese Grundinformationslage erklärt
schon weitgehend den Frust der leitenden Akteure, die
aktuell in Exekutive, Legislative, Judikative, Journalis-
mus, Kirchen und weiteren gesellschaftlichen Einheiten gegen die sogenannten „Social-Media" vorherrscht.

Die „Social-Media" Keule wird auch mit besonderer Vor-
liebe von EU-Parlamentariern, dem deutschen Justizmi-
nisterium und führenden Journalisten in Deutschlands
Rundfunk und Presse geschwungen. Es lohnt sich nicht
Einzelbeispiele aufzuführen, weil das öffentliche Ein-
prügeln gerade auf den Informationsdienst Facebook
fast tagtäglich bei vielen einflussreichen Akteuren der
Informationsbranche zu beobachten ist. Dass Facebook

dabei nicht viel mehr ist, als eine sehr ausgefeilte Kommunikationsplattform, vergleichbar mit Plattformen wie Telefonnetz, World-Wide-Web oder BTX, das wird dabei verwechselt mit den Lieferanten und damit den Verantwortlichen der verbreiteten Informationen auf dieser Plattform. Das sind Millionen bis Milliarden Nutzer als Einzelpersonen und den verschiedensten Konstellationen von Gruppen. Bei Streitigkeiten über verbreitete Informationen sind, so wie bei jeder anderen Diskussion auf Marktplätzen oder in irgendwelchen Gebäuden, immer diejenigen zu kritisieren, zu verklagen oder zu verurteilen, welche strittige Informationen verbreitet haben. Nicht jedoch der Plattform Betreiber. Dieses Vorgehen des deutschen Justizministeriums in den letzten Jahren stellt die Verantwortlichkeiten in diesem Markt auf den Kopf.

Wenn in dem durchgängigen nationalliberalen Verständnis – auch mit allen als erforderlich beschlossenen datenschutzrechtlichen Regulierungen – die klare Zuordnung der jeweiligen Verantwortlichkeiten für Kommunikationsdienste, User und Behörden gewahrt bleiben, dann stünde dieser Branche wahrhaftig eine glorreiche Zukunft bevor. Die Grundbedürfnisse nach Wissen, Aufklärung, Unterhaltung, Diskussion, künstlerischem Reichtum oder gegenwärtiger Teilnahme an fernen Ereignissen oder Veranstaltungen sind unbegrenzt. Jeder Regulierer, der diesem menschlichen Grundantrieb entgegensteht, wird über kurz oder lang erleben, dass diese Einschränkung auf ihn selbst zurückfällt.

Die wichtigste aktuelle Maßnahme im Bereich Sozialmedien wäre die Anonymität zu verbieten. Wenn die Aktionen im Internet genauso reellen Personen zugeordnet werden könnten, wie im realen Leben, dann werden sich die meisten Regulierungswünsche des Establishments von selbst erledigen.

Finanzdienste

Die Finanzdienste tragen 4 % zur Bruttowertschöpfung Deutschlands bei. Fast jede messbare Wirtschaftstransaktion in der Realsphäre wird durch einen Geldbetrag in der sogenannten Nominalsphäre gespiegelt. Die Finanzbranche und hier insbesondere die Bankbranche stellen die Nominalsphäre sicher.

Banken

In der Bankenbranche gelten insgesamt gesunde marktwirtschaftliche Bedingungen, mit einigen landestypischen Sonderelementen und in einem lange entwickelten und überwiegend bewährten regulatorischen Rahmen. Als Hauptplayer auf dem nationalen Bankenmarkt sind Bundesbank, Landesbanken, Sparkassen, Privatbanken und Genossenschaftsbanken zu markieren. Alle diese Bankentypen sind aus geschichtlichen Konstellationen heraus entstanden und haben jeweils Ihre Berechtigungen. Festzuhalten ist an dieser Stelle, ähnlich wie im Rundfunksektor, dass der staatlich verbürgte Bankentyp Sparkasse eine Einschränkung der Geschäftsmöglichkeiten der Privatbanken mit sich bringt. Dieses wirkt sich vor allem in der Entwicklung des internationalen Geschäftes aus. Dieser Steigerungsmöglichkeit steht jedoch die Absicherung der Geldgeschäfte des normalen privaten Sparers entgegen. Dazu kommen die starken föderalen Elemente der deutschen Verfassung, die zu der starken Entwicklung des Sparkassensystems beigetragen haben. Sicherheit versus Wachstum ist eine berechtigte wirtschaftspolitische Abwägung, die letztlich in jeder Branche zur Anwendung kommen kann.

Besondere Beachtung muss der Bundesbank geschenkt werden, die seit 1999 nicht mehr autonom für die nationale Geldpolitik verantwortlich ist, sondern diese in der EURO-Zentralbank nur noch mitverantwortlich gestalten kann. Die vielfältigen zusätzlichen Sicherungsmechanismen für die Währung, die nach der Einführung des EURO eingerichtet worden sind, führen zu einer Stärkung der Geldwertstabilität an sich – sogar gegenüber der D-Mark. Trotzdem führte die Einführung des EURO zu erheblichen Verwerfungen im Laufe des letzten Jahrzehnts. Diese Verwerfungen zeigten sich in den Überschuldungen einzelner Mitgliedsländer, die bis zur drohenden Zahlungsunfähigkeit von Griechenland führte. Sie zeigten sich in vorübergehenden Wechselkursunsicherheiten gegenüber Dollar und anderen Währungen, die nur durch massive Euro-Zentralbank Schuldtitelübernahmen eingedämmt werden konnten. Und diese Verwerfungen zeigten sich in den Zinsdifferenzen, die sich innerhalb des Euroraumes zunehmend vergrößerten. Unterschiedliche Kreditwürdigkeiten der Euroraumteilnehmer führten zu teils hohen, teils niedrigen und in Deutschland zuletzt sogar zu negativen Zinsen. Irgendwohin muss auch Geld, und wenn dem Geld viele normale Anlagewege versperrt sind, dann nimmt es lieber leichte Verluste in Kauf, als in unsicheren Anlageformen unter Umständen ganz verloren zu gehen. Auch die meisten deutschen Sparer werden Ihr Geld lieber auf dem Bankkonto wissen als im eigenen Tresor, auch wenn die Tresorrendite aktuell im Vergleich sogar günstiger abschneiden kann.

Wodurch entstehen jedoch diese verschiedenen tagtäglich überall besprochenen Verwerfungen. Sie entstehen durch politische Desorganisation. Es ist ein neuer Währungsraum ohne gemeinsame Fiskalpolitik, ohne gemeinsame Lohnpolitik, ohne gemeinsame Sozialpolitik, ohne gemeinsame Außenpolitik, ohne gemeinsame Wirtschaftspolitik und alles umfassend ohne eine gemeinsame Verfassung geschaffen worden. Der Beweggrund so eine Konstruktion zu wagen liegt vornehmlich in der Friedenssicherung von Frankreich und Deutschland begründet. Für die EU insgesamt wurde und wird immer wieder die Friedenssicherung als die Hauptmotivation für die politische Gemeinschaft angeführt. Die Schaffung der Eurozone sollte aus diesem Beweggrund, so wie dieses mit anderen Projekten schon gelungen war, die Friedensbestrebungen der Beteiligten verfestigen. Dabei wurde in den 90er Jahren angenommen, dass die Konvergenz der zur Währungspolitik zugehörigen Politikfelder sukzessive und angezogen durch die gemeinsame Währung stattfinden würde. Es ist jedoch das Gegenteil passiert. Eine EU-Verfassung konnte nicht ratifiziert werden und spätestens seit der bis heute nicht beherrschten Immigrationskrise, die auch den Unterschied machenden Grund für den Brexit geliefert hat, herrscht in der EU Divergenz.

So führt diese Desorganisation der EU-Geldpolitik immer wieder zu verschiedenen Konflikten, die auch die geschicktesten EURO Verhandlungspartner auf Dauer nicht eindämmen werden. Es wird immer wieder Überschuldung einzelner Mitgliedsländer geben, weil Staatsfinanzen immer gebraucht werden und die einzelnen Mitgliedsländer immer noch die Autarkie über Ihren Staatshaushalt haben. Aus dieser Überschuldung werden sich immer wieder Unsicherheiten in den internationalen Finanzmärkten entwickeln, die die EURO-Zentralbank zu Interventionen – sprich Staatsschuldenübernahmen – zwingt. Der Euro steht so unter einem Dauerrisikodruck. Dieser Druck könnte dadurch abgelassen werden, in dem es eine Euroschuldenunion gäbe – sprich, dass es für die Euroländer nicht nur eine gemeinsame Zentralbank gibt, sondern auch ein gemeinsames Finanzministerium, dem alle Staatsfinanzministerien untergeordnet sind. Der Zug ist abgefahren. Das wird es bis auf Weiteres nicht geben. Die Hoheit der einzelnen Länder führt zu unterschiedlichen Kreditwürdigkeiten, was wiederum zu unterschiedlichen Zinsen führt. Das bringt auch Verwerfungen bei den Investitionen in den verschiedenen EU-Mitgliedsländern mit sich. Die Autarkie in den Lohn-, Sozial- und Wirtschaftspolitiken bewahrt die Produktivitätsunterschiede zwischen den Mitgliedsländern. Das hat massive Auswirkungen auf Überlegenheit und Abhängigkeiten der verschiedenen Mitgliedsländer gegeneinander. Die unproduktiveren Länder werden im Vergleich zu den produktiveren

Ländern potenziell immer ärmer und müssen wegen der Autarkie der Sozialhaushalte dem folgend auch Nachteile in den Sozialabsicherungen auffangen. Solange die EU-Zentralbank nicht anfängt ungedecktes Geld zu drucken und damit eine Inflation einzuleiten, wird sich an diesen einfachen Zusammenhängen auch nichts ändern. Und wenn die EU-Zentralbank Inflationspolitik machen würde, würde die Gesamtsituation noch schlimmer werden. Das wäre eine noch schlechtere Lösung, die hier nicht weiter erläutert werden muss. Eine Inflationspolitik entspricht nicht dem Interesse der Euro-Zentralbank.

Der Hauptgrund, weshalb die griechischen, italienischen, spanischen und portugiesischen Völker die radikalen staatlichen Sparmaßnahmen mehrheitlich mitgetragen haben, liegt in der Geldwertstabilität des Euros, der alle, die damit verbunden Vermögen sichert. Dieser Sachverhalt, dass auch in den Mittelmeeranrainern die Familien mit einem Vermögen, das gesichert werden will, die überwiegende Mehrheit bilden, spielt in der öffentlichen Diskussion dieser Gesamtthematik fast keine Rolle. Es ist aber trotzdem wichtig diese Vermögenssituation hier festzuhalten, weil sie der wesentliche Grund dafür ist, dass es den Euro auch 20 Jahre nach seiner Einführung noch gibt, und sie liefert auch den einzigen Ansatzpunkt zu einer Hoffnung, den Euro zukünftig gegen alle Verwerfungen zu retten. Bis jetzt ist die Vermögenssituation der Bürger im Euroraum von keiner nennenswerten politischen Organisation aufgegriffen worden.

Nationalliberale Politik heißt in diesem Kontext mit der Realität zu arbeiten. Bei den verbliebenen Autarkien, die es bei den Nationen im Euroraum immer noch gibt, heißt das, dass eine Nationalbildung hin zu gemeinsamen Finanz-, Wirtschafts-, Arbeits-, Außen-, und Sozialministerien, die notwendigerweise von einer Verfassung umklammert werden müssen, angestrebt wird. Egal wie viele einzelne Euroländer sich dieser neuen Nationalbildung anschließen. Wenn das in überschaubarer Zeit nicht passiert, dann ist der Euro wieder in die ursprünglichen Nationalwährungen der einzelnen Euroländer zurückzuführen.

An dieser Stelle wird deutlich, dass es sich beim Nationalliberalismus nicht um einen deutschen Nationalismus handelt. Es handelt sich um eine Bewegung. Im 19. Jahrhundert hin zu einer deutschen Nation. Und nach den Umbrüchen im 20. Jahrhundert heißt das im 21. Jahrhundert hin zu einer – wie auch immer gearteten europäischen Nation. Wenn man in der Eurosachlage der letzten beiden Jahrzehnte Frankreich und Niederlande nicht unter den Eurohut bekommt, dann muss man das eben ohne diese beiden Länder machen. Wenn an dieser Stelle – freidenkerisch herausgegriffen – die Tschechei, Österreich, Ungarn, Slowenien, Kroatien, Italien, Spanien, Belgien, Schweden, Estland, Litauen, Slowakei und Deutschland in der Lage wären ein neues Euroland mit einer neuen Euroverfassung zu gründen, dann entspräche dieses voll und ganz dem Bestreben des Nationalliberalismus, mit einer dann größer gewordenen Nation im weltweiten Kontext. Die Währung Euro würde in einer solchen Nation wieder voll und ganz funktionieren. Von allein kommt so etwas aber nicht. Dieses Bestreben müsste auf der täglichen Agenda einer deutschen Regierung stehen.

Versicherungen

Die deutsche Versicherungswirtschaft ist unter dem Bundesversicherungsaufsichtsamt marktwirtschaftlich geregelt und dabei national und international gut aufgestellt. Mit dem Rückversicherungsunternehmen „Münchener Rück" findet sich in dieser Branche das kapitalkräftigste Unternehmen der Republik, das mit seinen Beteiligungen an Allianz, Deutsche Bank oder Daimler auch industriepolitisch eine bedeutende Rolle spielt. Der Wettbewerb in dieser Branche funktioniert, weil es genügend Landes-, Genossenschafts- oder Privatversicherungen gibt, die Ihre Angebote im gesamten Bundesgebiet und darüber hinaus anbieten. Im Vergleich zum Bankenmarkt darf man sagen, dass der Versicherungsmarkt noch besser funktioniert. In nationalliberaler Sicht ist wieder festzustellen, dass eine Branche, die existentiell wichtige Produkte handelt, auf Basis einer marktwirtschaftlichen Ordnung erstklassige wirtschaftliche Ergebnisse liefert. Dabei muss aktuell berücksichtigt werden, dass die Versicherungswirtschaft besonders unter der gegenwärtigen Geldpolitik der EZB zu leiden hat.

Immobilien

Die Immobilienwirtschaft trägt mit 10, 9 % einen ordentlichen Anteil an der Bruttowertschöpfung in Deutschland. Dieser hohe Anteil ergibt sich aus den Vermietungs-, Makler-, Handels- und Verwaltungsleistungen in den Segmenten privat und gewerblich genutzter Immobilien.

Die Immobilienwirtschaft ist grundsätzlich marktwirtschaftlich organisiert, auch wenn es viele Unternehmen in dieser Branche gibt, die von Ländern oder Kommunen kontrolliert werden. In weiten Teilen des Bundesgebietes gelingt es diesem Sektor der Nachfrage angemessene Angebote zum Ausgleich gegenüberzustellen. Es gab in den 00er Jahren weite Regionen, in denen es ein Überangebot mit den sich ergebenden Leerständen gab. Nicht nur kleine auch große Immobilienunternehmen sind darüber Bankrott gegangen. Damals suchte man vergeblich nach sozialistischen Vorschlägen diese Schräglage zu beenden. Das hat sich seit der Immigrationskrise geändert. Das Angebot konnte einen kurzfristig entstehenden Nachfrageüberhang branchentypisch nicht in kurzer Zeit ausgleichen, wenigstens in einigen bekannten Metropolen nicht. Anstatt der marktwirtschaftlichen Grundordnung auch hier zu vertrauen, diese Schieflage mittelfristig zu beseitigen und die Preisbildung im Rahmen der gültigen Regulierungen als Faktor bestehen zu lassen, protestierte die Gemeinde von Linke, Grüne bis SPD schnell gegen unmögliche Marktzustände und erklärte pauschal den überwiegenden Teil der Vermietungsanbieter zu Ausbeutern, die willkürlich überhöhte Mieten ansetzen. Wodurch tatsächlich das Manko an günstigen Mietwohnungen in verschiedenen Stadtteilen entstanden sein könnte, das wurde seit 2015 zunehmend wirtschaftspolitisch nicht mehr adäquat analysiert. Zumindest dort nicht, wo der linke Parteienblock über eine Mehrheit verfügt. Dieses betrifft natürlich insbesondere die deutsche Hauptstadt.

Was ist in Berlin konkret passiert? Sachdiskussion ade. Im RBB glauben Fachredakteure unisono wieder, dass Sozialismus besser ist als Marktwirtschaft. Zumindest solle das für den Wohnungsbau gelten. Über Monate konnte man in allen betreffenden RBB-Sendungen mithören, wie das Paradigma eines versagenden Wohnungsmarktes, der nur durch massive staatliche Eingriffe gerettet werden könnte, unwidersprochen und selbstredend kommuniziert wird. Die Verdammnis privaten Wohnungseigentums und privater Wohnungsbauer, propagiert durch verschiedene Bürgerinitiativen, wird im Kern nicht mehr infrage gestellt. Mit der einfachen und vorentscheidenden gesinnungsethischen Einstellung, dass Wohnen eben Existenz notwendig sei und deshalb nicht den Faktoren des freien Marktes ausgesetzt werden dürfe. Das ist der entscheidende Punkt in der sozialistischen Argumentationskette, den ich hier durch die vielen Bestandsaufnahmen in all den Branchen mit deren durchgängig Existenz notwendigen Produkten entkräftet habe. Der Begriff Existenznotwendigkeit zieht seine Berechtigung aus einer Gesinnung oder Haltung, wenn man so will. Existenznotwendigkeit kann seine Berechtigung jedoch nicht aus einer Theorie marktwirtschaftlichen Versagens herleiten.

Auch die Versorgung mit Lebensmitteln, Strom, Wärme, Textilien, Einrichtungen, Gastwirtschaften, Licht oder Drogerieartikeln, unter vielen anderen, ist eben Existenz wichtig. Ich frage mich ohnehin häufig, ob bei einigen RBB Journalisten das Themenfeld Wirtschaftspolitik überhaupt Eingang während derer Ausbildung gefunden hat. Es gibt sicherlich Journalisten, die auch irgendwann einmal die wesentlichen mathematischen Prinzipien marktwirtschaftlicher Tausch- und Wertprozesse zur Kenntnis bekommen haben. Sie sind aber nur sehr, sehr selten zu hören. Im Hörfunk sind sie zu einer Rarität geworden.

Die Überlegung, woran es liegen könnte, dass in all den Branchen, in denen einer Marktordnung gegenüber einer staatlichen Generalplanung Vorrang eingeräumt wird, bessere Produkte, bessere Lieferung, realistischere Preise und eine bessere Kommunikation unter allen Marktbeteiligten angeboten werden, diese Überlegung scheint bei den allermeisten Journalisten, die in den Debatten zur Wohnungswirtschaft mitmischen, nicht stattgefunden zu haben. Anders ist die verbreitete Verdammnis privaten Engagements und die Beschönigung aller staatlichen Maßnahmen in diesem Marktsegment nicht zu erklären.

Während der Entstehung dieser Zeilen ist inzwischen von der Berliner Regierung tatsächlich beschlossen worden, alle neuen Mietpreise einer Kappungsgrenze von unter 10,- € netto/kalt pro qm zu unterwerfen – unabhängig von Lage, Bauausführung und Ausstattung. Das ist der sogenannte Mietendeckel. Und noch ein Tacken sozialistischer sollen nach einer gewissen Frist die Mietpreise, die sich zu weit von diesem Mietendeckel entfernt haben per Staatsmaßnahme gekündigt und reduziert werden können. Das darf eine frei gewählte Regierung eines Bundeslandes sicherlich entscheiden, unabhängig davon, ob diese Entscheidung die Gerichtsinstanzen passieren kann. Jedoch: Das Ziel dieser durch und durch sozialistischen Berliner Regierung, mehr und billigeren Wohnraum zu schaffen, wird mit diesen Maßnahmen unmöglich gemacht. Wirtschaftswissenschaftlich betrachtet sind diese Maßnahmen der sichere Weg in die Angebotsverknappung. Das Gegenteil von dem was RG2 versucht zu erreichen. Das Gegenteil von dem was Immobilien-wirtschaftlich unter nationalliberalen Prämissen getan werden müsste. Nämlich auch die Immobilienwirtschaft langfristig einer vernünftig regulierten sozialen Marktwirtschaft zu überlassen, so wie dieses in zig anderen Branchen auch getan wird. Gleichzeitig und auch langfristig haben die Kommunen und wenn sinnvoll auch das Land eine ausreichende Anzahl von Unterkünften für Mitbürger bereitzustellen, die aus welchen unterschiedlichsten Gründen auch immer vorübergehend keinen adäquaten Wohnraum finden. Mit einer solchen Grundstrategie, die allen Beteiligten Sicherheit schafft, würde sich auch der Mietwohnungsmarkt innerhalb weniger Jahre regenerieren, und dann eine ausgeglichene Leistungsbilanz für Angebot und Nachfrage nachweisen können.

Unternehmensdienstleistungen

Diese Sparte trägt einen Anteil von über die Jahre gleichbleibend 11 % zur deutschen Bruttowertschöpfung bei. Das ist ein ganz schöner Batzen. Immerhin ist das fast die Hälfte dessen, was das verarbeitende Gewerbe, gemeinhin als Industrie bezeichnet, zur Bruttowertschöpfung im Lande beiträgt. Die Unternehmen dieser Branche liefern für diverse Teilaufgaben spezifisches und nicht einfach reproduzierbares Fachwissen. Im Grunde ist der Erfolg dieser Branche der tägliche Nachweis der Theorie des ersten großen Nationalökonomen Adam Smith, dass nämlich der entscheidendste Faktor für den Wohlstand einer Nation die gelingende Arbeitsteilung ist. Die Unternehmensdienstleistungen teilen sich grob gerechnet je zur Hälfte in Beratungen und Dienste auf.

Unternehmensberatungen

Neben den allgemeinen Unternehmensberatungen werden in diesem Wirtschaftszweig im Wesentlichen Rechts- und Steuerberatungen, Werbeagenturen, Architektur-, Ingenieurs- und Naturwissenschaftsleistungen, Forschung und Entwicklung subsumiert. Im Allgemeinen wird in diesem Zusammenhang auch von den freien Berufen geredet. Das Wort freier Beruf führt aus sich heraus zur Einordnung in das Marktgeschehen. Man kann in diesen Berufen von freier Marktwirtschaft sprechen. Es zählt die Leistung und es fehlen staatliche Bestandsgarantien durch Subventionen oder periodische Interventionen. Diese Sparte schützt die marktwirtschaftliche Integrität zum Teil durch Kammern, die Zulassungen, Geschäftsbedingungen und Gebührenordnung regeln. Das sichert einigen Berufen in diesem Bereich eine gewisse Sicherheit vor unkontrollierbaren Konkurrenzverhältnissen. Zu diesen Berufen, die zwangsläufig hohe Ausbildungsgrade erfordern, gehören Rechtsanwalt, Notar, Steuerberatung, Wirtschaftsprüfung, Architekt, Vermessungsingenieur oder Prüfstatiker. Die hoheitlich sanktionierte Kammerorganisation gründet sich auch darauf, dass diese Berufssparten zum Teil hoheitliche Aufgaben treuhänderisch übernehmen. Werbeagenten, Forscher und Entwickler sind nicht in Berufskammern organisiert. Diese müssen sich auf Ihre außerordentliche Expertise berufen, um sich in den jeweiligen Märkten zu behaupten.

Abschließend kann man für diesen Markt festhalten, dass dieser in Bezug auf seine Leistungskraft und auch in Bezug auf seine Verlässlichkeit gegenüber Exekutive und Judikative in Deutschland sehr gut funktioniert. Öffentlichkeit interessierende Fehlhandlungen sind in diesem Wirtschaftszweig gemessen am gesamten nationalen Output nur selten und in Ausnahmefällen wahrzunehmen. Auch in diesem immer wieder existenziell wichtigen Geschäftsfeld bewährt sich tagtäglich die Marktwirtschaft. Ein weiteres Argument für die nationalliberale Haltung, dass die marktwirtschaftliche Lösung bei Möglichkeit immer gegenüber der staatswirtschaftlichen Lösung zu bevorzugen ist.

Sonstige Unternehmensdienstleistungen

Diese Sparte zeichnet einen weiteren marktwirtschaftlichen Erfolg. Ihr Anteil an der nationalen Bruttowertschöpfung beträgt knapp die Hälfte der Unternehmensdienstleistungen insgesamt. Die größten Teilbranchen in dieser Sparte sind Mobilteilevermietung für Autos, Kräne oder Werkzeuge, Gebäudereinigung, Sicherheitsdienste, Arbeitsvermittlung oder Tourismus. Im Rahmen der allgemeinen gesetzlichen Ordnung findet hier in allen Bereichen ein ständiger Erneuerungsprozess statt, der sich fortlaufend an neue technologische Standards, Umweltbedingungen und Kundenpräferenzen anpasst. Das geht nur im marktwirtschaftlichen System, dass es schafft unendlich viele Informationen aller Marktteilnehmer in Echtzeit zum Ausgleich zu bringen. Diese fortlaufende Leistungspräsenz könnte keine Staatsplanung ersetzen. Im Gegenteil. Jede Staatsplanung, egal in welchem Teilsegment dieser Sparte, könnte nur einschränken.

Öffentlich-Rechtliche Dienste

Kommen wir nun zum Staat. Staatliche Dienste sind auf Ihren verschiedenen Ebenen notwendig, um nationale Aufgaben angemessen und verlässlich zu erledigen. Nach all den praktischen Beweisen der Wirksamkeit marktwirtschaftlicher Bedingungen muss sich in nationalliberaler Hinsicht jede Staatsaufgabe gegenüber einer marktwirtschaftlichen Regelung dieser Aufgabe behaupten.

Die öffentlich-rechtlichen Dienste erwirtschaften immerhin 18,1 % der nationalen Bruttowertschöpfung. Ihre Dienste unterteilen sich in die Hauptaufgaben Verwaltung, Verteidigung, Sozialversicherung, Bildung, Gesundheit und Sozialhilfe. Die Verwaltung, die Verteidigung und die Sozialhilfe gehören in die staatlichen Aufgaben, weil diese die Grundvoraussetzungen für das gemeinschaftliche Miteinander auf Bundes-, Landes- oder Kommunalebene liefern. Diskriminierungsfrei und ohne Willkür stellen diese drei Leistungsbereiche Ihre unentbehrlichen Dienste allen Bürgern zur Verfügung. Diese drei Leistungsbereiche tragen über die letzten Jahre gerundet 6 % zur Bruttowertschöpfung bei. Bruttowertschöpfung ist die Summe der Löhne, Gehälter, Gewinne, Überschüsse und Abschreibungen der verschiedenen Organisationen in diesem Bereich. Hier konkretisiert: Die steuerlich vorher eingenommen Beträge, die mit der Sozialhilfe an Bürger wieder ausgeschüttet werden, die werden als Sozialhilfe nicht in die Bruttowertschöpfungsrechnung mit einbezogen. Das Gleiche gilt es bei Krankenversicherungs-, Rentenversicherungs- und Arbeitslosenversicherungsbeiträgen zu bemerken.

Die Staatsbedingtheit sieht bei Sozialversicherung, Bildung und Gesundheitsversorgung schon anders aus. Diese drei Bereiche sind in der BRD zwar fast ausschließlich öffentlich-rechtlich organisiert. Das muss jedoch nicht so sein. Es gibt eine ganze Reihe von Staaten, die diese Bereiche auch marktwirtschaftlich organisieren und unterhalb dieser Organisation allen Bürgern staatliche Garantien zu diesen drei Bereichen liefern. Im Wesentlichen finden sich diese Absicherungen in Form von Existenzminimum, öffentlich zugängigen Bildungseinrichtungen und Steuer-basierten Gesundheitsdiensten.

Rentenversicherung

In Deutschland hat sich seit dem 19. Jahrhundert die umlagefinanzierte Rentenversicherung als Sozialversicherungsart entwickelt und lange bewährt. Seit der Aufkündigung des Rentenkonsenses durch die SPD in den 90er

Jahren befindet sich die deutsche Rentenversicherung in einem fort Laufendem gesellschaftlichen Dissens auf allen Seiten. Die Aufkündigung dieses Rentenkonsenses war ein schwerer Fehler, denn generationsübergreifend ist es bei jeder Maßnahme in diesem System so, dass es immer Gewinner und immer auch Verlierer geben wird. Egal ob die Rente erhöht wird, egal ob Beiträge gesenkt werden oder umgekehrt. Den Generationenvertrag, der bestenfalls nur auf versicherungsmathematischer Grundlage beruhen sollte, politisch zu missbrauchen führt am Ende, unabhängig wie gerecht auch immer die einzelne Parteiintervention in die Rentenversicherung deklariert sein möge, und unabhängig, wie viel höher diese auch immer moralisch gegenüber einer anderen Partei angesiedelt sein möge, zu nichts anderem als der Gesamtauflösung dieses Systems. In der BRD sind wir per 2020 damit schon ziemlich weit gekommen. Ein gutes Symptom dafür ist die Grundrente, über die sich noch nicht einmal die beiden Parteien der großen Koalition bis 2019 einigen konnten. Eigentlich sollten sich immer alle Parteien gemeinsam im Parlament auf Rentenkonzepte einigen, die immer die Kinder, die Werktätigen und die Senioren des Landes gemeinsam betreffen.

Was ist das sichtbarste Zeichen für die völlige Schieflage und Dekadenz der aktuellen Rentenversicherungssituation? Der Steueranteil, der nicht umlagefinanziert ist, betrug 1985 noch knapp über 15 % und liegt im Jahre 2018 bei knapp unter der 23 % Marke. Entlastend für diesen Anteil kann man sagen, dass viele Mittel in versicherungsfremde Leistungen fließen, die eigentlich nicht in die gesetzliche Rentenversicherung gehören.

Das sind aber im Verhältnis zum Steueranteil geringe und werden zum größeren Teil auch wieder den versicherungspflichtigen Arbeitnehmern zugeteilt. Und genau hier liegt in nationalliberaler Sicht die Ungerechtigkeit. Nationalliberale Politik wird immer dem Verursacherprinzip Gültigkeit verschaffen. Die Schwierigkeiten im gesetzlichen Rentensystem, politische Eingriffe ausgeklammert, werden von Arbeitnehmern verursacht und sind diesen deshalb auch zuzuordnen.

In Deutschland gibt es aber nicht nur Kinder von sozialversicherungspflichtigen Arbeitnehmern, diese selbst und Rentenbezieher, die einmal sozialversicherungspflichtig gewesen sind. Nein. Es gibt sehr viele andere, Bauern, Selbstständige, Freiberufler, Pensionäre oder einfach Menschen, die sich auf andere Art und Weise Ihren Lebensunterhalt besorgen, als sich einer sozialversicherungspflichtigen Beschäftigung zu „unterwerfen". Und diese gesellschaftliche Gruppe ist beileibe nicht klein. Man kann hochgerechnet ihren Bevölkerungsanteil in Deutschland mitsamt den dazugehörigen Kindern und Senioren auf ca. 20 % hochrechnen. Dazu kommt, dass die Arbeitnehmer selbst ihre Einkommen nicht immer ausschließlich mit Ihrer Arbeit beziehen. Natürlich haben auch Arbeitnehmer Nebeneinkünfte, die der Einkommenssteuer unterworfen werden. Alle diese Einkünfte, die nichts mit dem Rentensystem zu tun haben, werden zu Unterstützung dieses Systems herangezogen. Unterstützt wird damit ein zwar großer Teil aber eben doch nur ein Teil der Gesamtbevölkerung der Nation. Diskriminiert dagegen wird ein kleiner aber doch erheblicher Anteil der Gesamtbevölkerung, der in seiner eigenständigen Art der Verantwortung sehr viel für den funktionierenden Staat beiträgt. Dieser Bürgeranteil ohne Sozialversicherungsbezug ist gesellschaftlich nicht gut organisiert. Er verdient jedoch die gleiche politische Aufmerksamkeit, wie jede andere Bevölkerungsgruppe.

Aus nationalliberaler Sicht muss daher Schluss gemacht werden mit den Staatszuschüssen zur gesetzlichen Rentenversicherung. Genauso muss Schluss gemacht werden mit den versicherungsfremden Leistungen, die die gesetzliche Rentenversicherung mit abdecken soll. So entschlackt kann die gesetzliche Rentenversicherung auf Basis der Versicherungsmathematik Ihren Generationenvertrag erfüllen. Alle Sozialleistungen der Rentenversicherung, die durch die Einsparungen des Steueranteils auf der Einnahmeseite abzüglich der Einsparungen der versicherungsfremden Leistungen auf der Ausgabeseite möglich sind, dürfen natürlich unter das Volk gebracht werden, aber bitte für alle und diskriminierungsfrei. Das ist nationalliberale Rentenpolitik.

Wenn sich nach dieser nationalliberalen Umsetzung herausstellen sollte, dass die gesetzliche Rentenversicherung wegen gesamtpolitischer Gründe nicht mehr überlebensfähig sein sollte, dann hätte sich diese Sozialversicherungsart tatsächlich überlebt. Wenn jedoch die Versicherungsmathematik und der Generationenvertrag streng angewendet werden würden, dann wären auch mit Sicherheit die daraus errechneten Renten sicher. So wie dieses vor geraumer Zeit der respektable Norbert Blüm immer wieder gesagt hat.

Gesundheitsversorgung

Neben vielen anderen ökonomischen Fehlanreizen ist die Gesundheitspolitik seit mehr als 2 Jahrzehnten ein weiteres Beispiel dafür, wohin ein Marktwesen steuert, das mit planwirtschaftlichen Mitteln geführt wird. Warum planwirtschaftlich? Eine kleine Entscheidungsrunde (der autonome Gesundheitsrat unterteilt in Kassenärztliche Vereinigung, Ersatzkassenvertreter und Ministerium) entscheidet heutzutage darüber, wie die Zwangsbeiträge aller Arbeitnehmer verteilt werden. Hauptverantwortlich dafür ist auch unsere Bundeskanzlerin. So wird das auf Dauer nicht weitergehen.

Der Gesundheitsmarkt ist ein großer Markt mit viel Potenzial. Wenn sich Menschen etwas wünschen, dann nachgewiesenermaßen zuvörderst die Gesundheit. Als Teil des Sektors öffentlich-rechtliche Dienste trägt die Gesundheitsversorgung immerhin ca. 5 % zur nationalen Bruttowertschöpfung bei. In den USA ist dieser Anteil übrigens größer, und das ist ohne allgemeine gesetzliche Krankenpflichtversicherung der Fall. Wie kommt das zustande?

Wirtschaftlich betrachtet ist es keine Notwendigkeit, die Zahlung der Ärzte und Krankenhäuser nur mittels eines allgemeinen staatlichen Versicherungssystems zu organisieren. Einem Versicherungssystem, dem sich die gesetzlichen und privaten Krankenkassen und seit ca. 10 Jahren auch alle Patienten unterwerfen müssen. Jeder Bürger in Deutschland ist verpflichtet in dieses Krankenversicherungswesen einzusteigen, ob er will oder nicht.

Aus dieser Volkspflicht heraus entstehen schon wesentliche Fehlanreize, in dem Geld automatisch in ein System hineingepumpt wird, das von den Geldempfängern (Ärzte, Krankenhäuser, Apotheken, Pharmabetriebe, nachgeordnete Gesundheitsdienstleister) selbst verwaltet wird. Die planwirtschaftliche Selbstverwaltung – gewiss unter Aufsicht eines Ministeriums – jedoch trotzdem machtvoll und selbst verwaltend, wird das ganze System so regeln, dass es für die Geldempfänger am besten funktioniert. Die Patienten haben das zu erdulden. Die Patienten selbst sitzen nicht in den Entscheidungsgremien, in denen über die Bemessung und Aufteilung der Mittel im Gesundheitsmarkt entschieden wird.

So kommen auch die Fallpauschalen im gesamten Abrechnungssystem bei Krankenhäusern und Ärzten zustande. Das lässt sich am einfachsten abrechnen. Der Sinn der Medizin liegt jedoch nicht in der Hervorbringung von Fällen, sondern stattdessen darin, die Patienten gesund zu erhalten oder gesund zu therapieren. Die Bezahlung der Leistungserbringer im Gesundheitsmarkt müsste nach nichts anderem als strikt nach diesem Leistungsgrundsatz erfolgen. Wenn im Gesundheitsmarkt übliche marktwirtschaftliche Bedingen herrschen würden, wie in den meisten anderen deutschen Wirtschaftszweigen, dann würde der allgemeine Kundenwunsch gesund zu bleiben und gesund zu werden als Hauptbedürfnis gelten, das erfüllt werden müsste und je nach Qualitätserfüllung bezahlt werden müsste. Stattdessen gibt es Fallpauschalen, die von zig Behörden kontrolliert werden und bei denen die gelieferte Gesundheit nur ein zugehöriges Nebenprodukt ist. So wird das System auf

Dauer nicht funktionieren. Tag für Tag werden absurde Beispiele dokumentiert, was aus diesem Abrechnungssystem heraus im Gesundheitswesen alles passiert. Ich erwähne hier nur das Beispiel der viel zu vielen Operationen an Rücken und Hüfte in Deutschland. Bei Fallpauschalen rechnet sich das. Wenn die Gesundheit der Patienten der alleinige Abrechnungsgrund wäre, dann würde es nicht so viele überflüssige Operationen an Rücken und Hüften in Deutschland geben. Dieses ist nur ein Beispiel von Hunderten.

Die 6 elementarsten Ansätze für eine bessere Gesundheitswirtschaft seien hier aufgelistet:

1. Es ist der natürliche Ansatz maßgebend zu machen und der heißt, in der Gesundheitsbranche die Abrechnungen wieder vom Kopf auf die Füße zurückzustellen. Im Ergebnis wird damit den Krankenversicherungen erlaubt, die Erfüllung von Gesundheitskriterien zum Maßstab ihrer Bezahlungen zu machen und nicht mehr die Vorlage von indizierten Fallpauschalen.
2. Es sind bitteschön allen Patienten, auch den gesetzlich Versicherten, die Behandlungsabrechnungen vollständig zur Kenntnis zu geben.
3. Bürger, die nicht sozialversicherungspflichtig beschäftigt sind, müssen frei bleiben, eine gesetzliche oder eine private Krankenversicherung abzuschließen oder davon gar keinen Gebrauch zu machen.
4. Es kann nicht sein, dass alle Beiträge erst in einen Gesundheitsfonds fließen, der dann nach verschiedenen Indikatoren diese Beiträge den gesetzlichen Krankenversicherungen zukommen lässt. Bei diesem Punkt

sind der planwirtschaftlichen Manipulation Tür und Tor geöffnet. Wer will die Korrektheit der millionenfach von Arztpraxen und deren Beratern einzutragenden Indikatoren schon genau kontrollieren können? Der Begriff „Upcoding", der die Technik ausdrückt, Arzneimittelherstellern und Krankenkassen mehr Gesundheitsfondsanteile zukommen zu lassen, ist ein gängiger Begriff geworden.

5. Man muss sich bei dem glücklicherweise unaufhaltsamen Fortschritt in der Medizin, davon freimachen, dass eine gesetzliche Versicherung sämtliche möglichen Therapien bezahlen muss. Es handelt sich hier nicht um Leistungsgarantien, sondern immer noch um eine Versicherung, die ein bestimmtes Maß an medizinischer Versorgung abdeckt. Die Bedürfnisskala für medizinische Therapien ist nach oben hin völlig offen, und das darf sie auch gerne sein. Nur diejenigen, die diese Bedürfnisskala für sich gerne erfüllen möchten, die sollen dafür bitte selbst aufkommen oder sich extra versichern. Nicht jeder medizinische Wunschtraum kann der gesamten Gemeinschaft der Pflichtversicherten angelastet werden.

6. Es muss den Krankenversicherungen, erlaubt sein, Gesundheitsdienstleister zu kündigen und gleichzeitig den Versicherten Alternativen vorzuschlagen.

Wenn diese 6 Punkte angegangen werden würden, dann wäre dem gesamten Gesundheitswesen in Deutschland innerhalb weniger Jahre sehr geholfen. Diese 6 Punkte beschreiben den nationalliberalen Einstieg in eine Gesundheitsreform.

Diese Gesundheitsreform schließt an dieser Stelle das Heim- und Sozialwesen aus, welches immerhin etwas mehr als ¼ zur Bruttowertschöpfung der gesamten Gesundheitsversorgung beträgt. In diesem Bereich gilt es die Pflegepflichtversicherung genauer unter die Lupe zu nehmen. Das wäre ein weites Feld. Es sei nur daran erinnert, dass diese Versicherung erst in den 90er Jahren gegen die Opferung eines Feiertages eingeführt worden ist. Vorher gab es diese gar nicht. Pflegende konnten Ersatzzahlungen für Ihre Pflegedienste nur per steuerlichen Vergünstigungen erwirken. Die seit Jahren beklagte Not an Pflegehelfern wurde zunehmend erst beklagt, nachdem dieser Sozialversicherungszweig diese Nachfrage erst erzeugt hatte. Der Mangel an Pflegekräften entsteht nicht dadurch, dass es zu wenig inländische Interessenten dafür gäbe. Dieser Mangel wird verursacht durch die Desorganisation dieser Branche, durch schlechte Arbeitsbedingungen und durch niedrige Entlohnung. Dieser Mangel entsteht genauso, wie bei vielen anderen vermeintlichen Fachkräftemängeln, die vor allem durch schlechte Entlohnung verursacht werden. Wenn ein Gesundheitsminister anfängt für diesen Mangel an Pflegehelfern Personal aus dem Kosovo und Mexiko einzufliegen, dann wird dadurch an diesem Entlohnungsmissverhältnis nichts geändert.

Man hätte in den 10er Jahren zum Schluss kommen können: Warum nicht gleich abschaffen, wenn das alles so schlimm ist? Vor dem Sozialminister Norbert Blüm gab es auch keine Pflegeversicherung. Früher machte man das in den Familien. Feiertage wurden wegen der Pflegepflichtversicherung abgeschafft, Versicherungsbeiträge wurden neu erfunden und fortlaufend erhöht und die Situation wird offensichtlich, zumindest wenn man der Presse Glauben schenkt, immer schlimmer. Das große Gejammere um zu teure Pflegeheime in denen zu wenige, schlecht bezahlte Pflegekräfte arbeiten, die beide zusammen mit Zuzahlungen noch die Angehörigen schröpfen, dieses Gejammere würde sich sofort in Luft auflösen, wenn man den Zustand vor 1995 wieder einführen würde, und allen Marktteilnehmern überließe, die Pflegeleistungspreise gemäß Ihren jeweiligen Präferenzen auszuhandeln. Die aktuellen Pauschalverrechnungsmethoden der ambulanten und stationären Pflegeleistungen unter dem Dach der gesetzlichen Pflegeversicherung sind auf jeden Fall reformbedürftig. Auch hier müssen die Versicherungen die Möglichkeit haben, Pflegedienst zu kündigen, die nicht Ihren Standards entsprechen.

Bildung

Dieser Wirtschaftszweig trägt als ein weiterer Teil des Sektors öffentlich-rechtliche Dienste für sich genommen 4,5 % zur nationalen Bruttowertschöpfung bei. Eine stolze Summe. Jedoch ist natürlich auch dieser Wirtschaftsbereich, der in Deutschland in Bundesländerhoheit liegt, steigerungsfähig. Aus nationalliberaler Sicht ist dieser Bereich gut aufgestellt und das mit klar identifizierbaren Verbesserungsmöglichkeiten für seine weitere Entwicklung.

Grundsätzlich ist es korrekt, dass dieser Bereich staatlich geführt und geregelt ist. Das gilt allein schon wegen der Prämisse, dass der gesamte Nachwuchs gleichermaßen an den Bildungsmöglichkeiten beteiligt werden soll. Wie diese staatliche Gesamtregelung im Einzelnen aussehen kann, darüber lässt sich natürlich trefflich streiten. Aus nationalliberaler Sicht hat sich die föderative Verantwortlichkeit in diesem Bereich über lange Zeit bewährt. Auch hier versucht die Sozialdemokratie mit ihrer allgemeinen Gleichmacherei eine Abschaltung dessen zu erreichen, um letztlich aus einem vermeintlich intelligenteren, jedoch viel kleineren und konzentrierteren Bundesgremium heraus eine allgemeine Schulpolitik für ganz Deutschland zu machen. Die Linke und womöglich auch die Grünen hätten sie auf Ihrer Seite. Zuletzt wurde das dokumentiert durch den verlockenden Digitalpakt, der die Länder dazu verführte Jahrhunderte entwickelte Kompetenzen im Bildungsbereich gegen schnöden Mammon einzutauschen. Dieser Mammon ist dazu noch gebunden an moderne technische Halbleitergeräte, die als Digitalgeräte bezeichnet der Digitalisierung Vorschub leisten sollen. Erst Geräte, dann Lehrer und dann Konzepte. Alles was man sich jeher seit der Antike unter Schulung, Ausbildung, Didaktik oder Pädagogik entwickelt hat, das wird mit so einem bundesweiten Programm auf den Kopf gestellt. Kein Lehrer, der vor die Aufgabe gestellt wäre, eine neue Klasse von Schülern aus dem Nichts heraus zu unterrichten, würde als allererstes darüber nachdenken, dafür Handys oder Computer zu kaufen. Mag sein, dass das in einer kommenden Etappe sinnvoll sein kann? Vorher gibt es jedoch eine Menge Dinge, die für diesen Lehrauftrag wesentlich höhere Bedeutung haben.

An dieser Stelle gilt es das Zauberwort Digitalisierung noch einmal zu demaskieren. Digitalisierung gab es schon immer, spätestens seit der arabischen Antike. Digitalisierung kommt wortwörtlich von Zeigefinger, Zeigen. Es wird etwas gezeigt und es kann etwas angezeigt werden. Das kann man mit Wort, mit Zeichen, mit Schrift, mit Zeitungen, mit Bildern, mit Büchern, mit Tafeln, mit Schreibheften und mit vielem mehr. Digitalisierung gab es schon immer. Mit diesem Begriff eine neue Wunderstufe der menschlichen Entwicklung zu bezeichnen führt in die Täuschung. Sicherlich im Allgemeinen aber insbesondere in der Schulbildung, in der man sich besonders unumstritten viel von diesem täuschenden Begriff verspricht. Bei einem Computer und allen seinen Erscheinungsvarianten handelt es sich um ein Werkzeug, das immer noch mit Halbleitertechnik sehr produktiv Informationen verarbeiten kann. Es ist aber ein Werkzeug, so wie es Millionen von anderen Werkzeugen in der menschlichen Geschichte vorher gegeben hat. Es ist richtig, dass man mit diesem Werkzeug sehr schnell an Informationen herankommt, wofür man vor einigen Jahrzehnten mithilfe von Bibliotheken, Telex oder Post sicherlich länger gebraucht hat. Mit diesem Werkzeug kann man auch schneller und globaler große Gruppen in einer Kommunikation zusammenbringen, wofür man früher komplizierter Telefonkonferenzen organisieren musste, und noch früher tatsächlich Versammlungen hätte vorbereiten müssen, zu denen dann die Teilnehmer sich tatsächlich hinbewegen mussten. Aber es ging. Neu ist das alles nicht. Alles, was heute mit den verschiedenen Varianten des Computers gemacht wird, das konnte man vorher auch machen. Langsamer, mühevoller, zeitaufwendiger – sicher, aber ob das immer unbedingt schlechter für die Menschheit war, das wird sich auch erst noch bewiesen werden müssen. Aber sind wir positiv. Das Schlagwort Digitalisierung setzt nicht alles außer Kraft, was vorher gewesen ist.

Was verschiedene Aspekte der Bildungsstufen betrifft sollen an dieser Stelle nur einige nationalliberale Grundsätze angeführt sein:

1. Eltern sollen frei entscheiden können, ob und wann Sie ihre Kinder in welchen Kindergarten schicken wollen.
2. Die Schulpflicht gilt für alle und auch für vermeintlich heroische Kindergruppen, die ihre politischen Ziele über die Ziele setzen, die aus der Gesamtheit der politischen Willensbildung der Nation entstehen. Die Befreiung aus der Schulpflicht durch die höchsten politischen Instanzen in Deutschland hat erst den Grundstein der „Friday for Future" Bewegung gelegt. Schulen wurden durch diese Bewegung der Lächerlichkeit preisgegeben. Wenn die Schüler sich Ihrer ökologischen Zielvorstellungen in Ihrer Freizeit hätten widmen müssen, dann wäre die Wucht dieser Bewegung um ein Vielfaches geringer ausgefallen.
3. Die Grundschule ist für alle da, ohne dass dabei irgendwelche Unterschiede für welche Schüler auch immer gemacht werden. Jegliche Sonderstellungen, egal ob diese auf Reichtum, Kraft, Intelligenz, Abstammung, Gesundheit, Sprache, Bildungsziel oder sonstigen Attributen beruhen, gehören unberücksichtigt.
4. Man kann sich darüber streiten, ob die Grundschulzeit 3, 4, 5 oder 6 jahrelang sein sollte, sie sollte auf jeden

Fall eine klar definierte Zeit haben, und das bundesweit, nach dem sich alle Länder orientieren sollten.

5. Am Ende der Grundschulzeit sollten sich Einstufungen ergeben, die es allen Schülern ermöglichen in chancengleicher Weise die weiterführenden Schulen mit Ihren übersichtlich abgestuften Bildungskonzepten zu erreichen.

6. Die klassischen Schulabschlüsse Hauptschulabschluss, mittlere Reife und Abitur sind mit ihren jeweiligen Qualitäten bundesweit wieder so herzustellen, dass sich alle Beteiligten, die mit diesen Abschlüssen und den damit zusammenhängenden Bewertungen zu tun haben, darauf verlassen können. Natürlich darf es in den weiterführenden Schulen auch andere Abschlüsse geben, doch müssen diese sich einer dieser drei Grundkategorien zuordnen lassen.

7. Es müssen humane Mechanismen entwickelt werden, die an Schulen nicht nur die Bewertung der Schüler, sondern auch die Bewertung der Lehrer erlauben, damit insgesamt eine Dynamik in Richtung Belohnung des Fleißes nicht nur bei den Schülern, sondern auch bei den Lehrern stattfindet.

8. Der Betrieb von Hochschulen sollte allen staatlichen und nicht staatlichen Einrichtungen erlaubt sein. Dieses sollte vor allem deshalb erlaubt sein, damit spätestens in diesem Bildungssektor der allgemeine Wettbewerb in Studium, Wissenschaft und Forschung seine Wirkungskraft entfalten kann.

9. Das duale System in der Berufsausbildung bewährt sich seit Jahrzehnten und soll auch weiterhin von experimentellen Reformen verschont bleiben.

10. Das Thema Weiterbildung, inklusive zweiter Bildungsweg, wird immer wichtiger, sodass auch hier alle staatlichen Rahmenbedingungen so gesetzt werden müssen, dass ein gesunder Markt mit den Weiterbildungsträgern in diesem Bildungszweig ermöglicht wird. Dieser Bildungsbereich wird bei der stetig wachsenden gesellschaftlichen und technischen Entwicklung einen immer größeren Anteil im gesamten Wirtschaftszweig Bildung einnehmen.

Kultur

Innerhalb dieser Rubrik wird immerhin 4,1 % Bruttowertschöpfung erarbeitet. Was zählt alles im Einzelnen zu diesem Wirtschaftszweig: Theater, Opern, Museen, Kunstausstellungen, freie Künstler, Shows, Gartenschauen, Glücksspiele, Sport, Verbände, Gewerkschaften, Kirchen und die privaten Dienstleister, wie zum Beispiel haushaltsnahe Dienstleister. Die privaten Dienstleister für sich genommen machen ca. die Hälfte der Bruttowertschöpfung des Wirtschaftszweiges Kultur aus. Immerhin trägt der Bereich Kultur mehr als doppelt so viel zum allgemeinen Wohlergehen bei, als zum Beispiel die Energiewirtschaft.

Sicherlich kann man wiederum in jedem Einzelsegment des Marktes Kultur Kritikpunkte ansetzen, doch insgesamt darf man feststellen, dass hier marktwirtschaftliche Regeln Gültigkeit behalten. Natürlich werden Theater und Opern subventioniert, und das in alter deutscher föde-

rativer Struktur. Es werden Museen und Gartenschauen
weit überwiegend von öffentlichen Trägern finanziert.
Natürlich werden die Kirchen durch die Steuerzahler
mitfinanziert. Und auch in weiteren kulturellen Teilbereichen kann man wirtschaftliche Abläufe kritisieren.
Dennoch, in diesem ganzen Sektor finden die marktwirtschaftlichen Prinzipien immer wieder Anwendung
und werden dabei in keinem Sektor vollständig ausgeblendet. Das geschieht zum Wohlergehen dieses wirtschaftlichen Sektors.

Weitere Marktkraft

Bei der Betrachtung der einzelnen Marktsegmente sind
deren Beiträge zur nationalen Bruttowertschöpfung
genommen worden. Diese Beiträge rechnen neben den
Abschreibungen die Löhne, Gehälter, Unternehmensge-
winne und Kapitalerträge der Inländer zusammen, also
praktisch das, was von allen Menschen in Deutschland
in den jeweiligen Teilbereichen verdient wird.

Jetzt ist es so, dass die volkswirtschaftliche Gesamtrechnung bei diesen Gesamtverdiensten nicht Halt macht
und das ist in nationalliberaler Sicht von Bedeutung,
denn es gilt noch den Einkommenssaldo der Güersteu-
ern/der Gütersubventionierung und dazu noch den
Einkommenssaldo der deutschen Einkommen im Aus-
land/der ausländischen Einkommen in Deutschland zu
berücksichtigen. Bei beiden Salden gibt es massive Ein-
kommensüberschüsse, die die Kraftentfaltung der über-

wiegend marktwirtschaftlichen Ordnung in Deutschland noch einmal massiv unter Beweis stellen.

Beim ersten Saldo entsteht ein Plus von ca. 11 %. Das sind in der Hauptsache Mehrwertsteuer, aber auch Tabak-, Alkohol-, Versicherungs-, Sektsteuer und dergleichen. Diese Steuern müssen von allen Deutschen mitverdient und mit verkauft werden. Zufallen und volkswirtschaftlich zugerechnet werden diese Steuern nur dem Staat und seinen Gliederungen. Betrachten wir das als Belohnung für den Staat, für alles das, was dieser seinen Bürgern bereitstellt.

Der zweite Saldo ist ein Hinweis auf den Exportüberschuss der BRD gegenüber dem Rest der Welt. 2017 hatte dieser Saldo einen Überschuss von rund 83 Milliarden Euro, was die gemessene Gesamtbruttowertschöpfung der innerdeutsch Werktätigen noch einmal um knapp 3 % erhöht. Es gibt zwar viele ausländische Werktätige und Unternehmen in Deutschland, jedoch auch sehr viele deutsche Werktätige und Unternehmen im Ausland. Unabhängig von deren Anzahl sind die Deutschen mit diesem positiven Einkommenssaldo von rund 83 Milliarden Euro recht erfolgreich. Und nach all diesem Text im Kapitel Märkte muss ich nicht noch einmal erwähnen, welche deutschen Märkte nicht unbedingt zu diesem Erfolg beigetragen haben.

Übrigens: Nach Hinzufügung des ersten Saldos entsteht aus Bruttowertschöpfung das Bruttoinlandsprodukt und nach Hinzufügung des zweiten Saldos das Bruttonationaleinkommen, das – solange Deutschland noch ohne

EU über diesen Begriff befinden konnte – hiesig bis 1997 noch Bruttosozialprodukt hieß – nicht nur bei der Band „Geier Sturzflug“.

NATIONALLIBERALE SOZIALPOLITIK

Um die Teilhabe in der Nation zu ermöglichen ist immer schon ein Mindestmaß an Mitteln erforderlich, die eine funktionierende Gemeinschaft seinen schwächeren und schwächsten Individuen auf unterschiedliche Art und Weise vorhält. Diese Aufgabe gehört der Sozialpolitik. Nationalliberale Sozialpolitik heißt zielgenaue Unterstützung der bedürftigen Individuen. Dazu ist erst mal festzustellen, was die soziale Sicherheit herstellt. Zu nennen sind:

a) Arbeitseinkommen,
b) Vermögensverfügungen,
c) Renten,
d) Familie,
e) Freunde,
f) Vereine,
g) Kommune,
h) Land und
i) Bund.

Die EU fällt aus diesem Kontext „noch" heraus.

a. wird durch die Arbeitslosenversicherung, Lohnfortzahlung und Krankengeld ergänzt,
b. beinhaltet Zinsen, Dividenden, Ausschüttungen, Mieten, Pachten, Vertragsdauerzahlungen, Nießbrauch und Vermögensverzehr,

c. beinhaltet Sozialversicherungsrenten und Vertrags-
renten,

d. beinhaltet Unterhaltszahlungen und natürlich in aller
erster Linie Zusammenhalt, der sich in unzähligen sozialen Unterstützungen auch materiell auswirkt. Als
DDR und BRD zusammenfiel durfte man als Westler
damals gerne auf die Frage, wie im Westen, Armut,
Arbeitslosigkeit und Verlorenheit aufgefangen wird,
antworten: erst mal mit der Familie. Die Familie ist
in der Marktwirtschaft zuvörderst die wichtigste Absicherung für alle Familienmitglieder, ob jung oder
alt, oder in der Mitte zwischen Jung und Alt. Dieser
marktwirtschaftliche Familieneffekt wird in vielen
Ländern und vornehmlich in den USA stark bewertet, dagegen in Deutschland und anderen Ländern,
in denen Sozial- sprich Gemeinschaftspolitik gegen
alles andere priorisiert wurde unterbewertet. Eine
übertriebene Sozialpolitik neutralisiert die Kräfte
des Familienzusammenhaltes in vielfältiger Hinsicht. Auch Freunde, die sozial helfen können, soll
es noch geben. Bei

e. gilt: Wenn der Staat nicht für alles Mögliche fortlaufend Unterhaltsmittel bereitstellen würde, dann
würde neben der Familien- auch die Freundschafts-
hilfe wieder gewichtiger werden, bei den bedürftigen
Mitgliedern in der Gemeinschaft. Diese Familien-
und Freundschaftsaspekte spielen in der aktuellen
öffentlichen Politik keine Rolle, jedoch haben diese
Aspekte in der nationalliberalen Politik elementare
Bedeutung. Diese sind natürlicherweise die ersten
Anlaufstellen für gemeinschaftliche Hilfe. Ähnliches gilt auch für

f. Staatsbürger können sich in verschiedensten Vereinen organisieren, in denen sie sich versprechen, sich gegenseitig zu helfen. Mitglieder solcher Vereine würden es im Falle des Falles sicherlich vorziehen, hier um Unterhaltshilfe zu bitten, als anstelle dessen zum Amt zu gehen.

Nun ist das Leben kein Wunschkonzert und oft reichen die eigenen Möglichkeiten, so wie die familiären, die freundschaftlichen oder die Vereins-gestützten Bemühungen nicht aus, um materielle Notlagen aufzufangen. Nach a) bis f) greift die Sozialpolitik von g) h) und i). Erst dann. Immer eines nach dem anderen. Dieses Prinzip ist heute umso wichtiger, weil dieses in der öffentlichen Meinung kaum eine Rolle mehr zu spielen scheint. Wenn man die Neutralisierung der aktuellen Sozialdemokratie genauer betrachtet, dann liegt es genau hieran, dass nicht mehr das bürgerliche Leben in seiner Normalität als Ausgangspunkt der Politik genommen wird, sondern stattdessen der Glaube an Sozialpolitik, mit dem Generalzweck, damit für Gerechtigkeit sorgen zu wollen. Sozialpolitik wird als Selbstzweck betrieben, ohne weitere Fundierung und vor allem Anderen.

Wie theoretisch und strittig dieser Glaubensansatz ist, wird anschaulich durch die Unmöglichkeit der Arbeiterparteien, sich untereinander im Zuge der Entwicklung des 20. und 21. Jahrhunderts zu einigen, und das gilt noch bis heute. Sie können sich nicht nur nicht einigen, sie können noch nicht einmal Koalitionen bilden. Die Kommunisten nicht mit den Sozialdemokraten, die SPD nicht mit der USPD, die SPD nicht mit der PDS und wieder die SPD nicht mit der Linken. Wenn nach dem Ersten Weltkrieg nicht die Kommunisten gegen die Sozialdemokraten gekämpft hätten, wenn während der Weimarer Republik sich die SPD nicht noch zusätzlich aufgespalten hätte, und wenn sich nach der Wahl im Jahre 2005 die SPD sich nicht geweigert hätte, die Arbeitermehrheit zusammen mit Linke, Grünen und SPD zu realisieren, dann wäre der deutschen Geschichte eine Menge erspart geblieben, an der sie heute noch jeden Tag zu leiden hat. Vielleicht hätte es zu viel Planwirtschaft gegeben, jedoch die dagegen erlittenen nationalen politischen Verluste wiegen ungleich schwerer als wirtschaftliche Verluste.

Praktische Anknüpfungspunkte in der Gegenwart zwischen SPD und Linke gibt es genug: Die SPD unterstützt zum Beispiel vollständig die Politik für Kinderkrippen von Manuela Schwesig, nach Möglichkeit alle kleinen Kinder in Kinderkrippen zu bringen. SPD und Linke unterstützen ein höheres Existenzminimum. Sie benutzen dafür nur unterschiedliche Worte und Theorien. Die Frauen und insbesondere die alleinerziehenden Frauen gehören in beiden Parteien immer zu den Hauptleidtragenden, ohne dass dabei jemals gefragt wird, warum das entsteht.

Männer hingegen haben unisono bei diesen beiden Parteien keine Lobby, weshalb die zunehmende Unterhaltszahlungsresistenz der zurückgebliebenen Väter vielleicht nicht geschmäht wird, jedoch auf jeden Fall nicht annähernd soviel Daueraufmerksamkeit bei diesen beiden Parteien erfährt, wie die alleinerziehende Mutter. So, als wenn Männer an dieser Stelle nicht zur Verantwortung fähig wären. Mittlerweile dürfte ein weiteres Manko für die Gesamtentwicklung der SPD darin liegen, dass die Arbeiter selbst in Ihrer Partei über keine angemessene Lobby mehr verfügen.

Aber es soll hier nicht um das Machtpotential der Arbeiterklasse gehen, nein. Es soll hier um eine angemessene nationalliberale Sozialpolitik gehen, die die Leistungsmöglichkeiten aller in Deutschland fördert und allen denen, die aus unterschiedlichsten Gründen hilfsbedürftig sind kräftig, direkt, verständig und wirksam Hilfe leistet. Sprich so zu helfen, so wie es die Sozialhilfe bedürftigen auch wirklich verdienen. Das wird nicht mit Massenabrechnungsverfahren und Rieseninstitutionen möglich sein. Das geschieht am besten direkt vor Ort, zusammen mit den Sozialarbeitern, die sich in den Kommunen am besten auskennen.

An dieser Stelle muss vermerkt werden, dass in Deutschland mit gewaltigen Sozialhaushalten nicht nur Arme, sondern am Ende alle – egal ob arm oder reich – versorgt werden. De facto blickt da kein normaler Mensch mehr durch, weshalb sich gerade die SPD überrascht immer mehr darüber beklagt, warum Teile des Straußes der Sozialleistungen von den Betroffenen immer weniger abgerufen werden. Kein Wunder. Es handelt sich für unsere hilfsbedürftigen Bürger nicht mehr um passende Sozialhilfe, sondern stattdessen um einen verselbstständigten Sozialtransferleistungsdschungel. Damit sind wir mitten in medias res von g) h) und i). Fangen wir damit an welche Transferleistungen es gibt? Das ist gar nicht so einfach. Es gibt in Deutschland keine bekannte Aufstellung, in der sämtliche Transferleistungen von Bund,

Ländern und Gemeinden bündig und zusammenhängend aufgelistet sind. Neben der Vermutung, dass viele Träger dieser Transfers daran nicht unbedingt großes Interesse haben werden, so ist auf jeden Fall klar, dass die Gesamtmenge der staatlichen Transferleistungen auch für Fachleute sehr unübersichtlich ist. Folgende Transferleistungen vom Staat an bedürftige Bürger seien vor diesem einschränkenden Hintergrund hier aufgelistet:

g. Hilfe zum Lebensunterhalt (klassisch Sozialhilfe genannt), Eingliederungshilfen, Hilfe zur Pflege, Resozialisierungshilfen, weitere kommunale Spezialhilfen,
h. Sozialwohnungszuteilungen,
i. Arbeitslosengeld II, Grundsicherung, Elterngeld, Kindergeld, Wohngeld, Eigenheimzulage, Bafög, Asylleistungen und Lohnkostenzuschüsse.

Die größten Posten finden sich dabei im Arbeitslosengeld II (allgemein als Hartz 4 diffamiert), Kindergeld und Hilfe zum Lebensunterhalt. Die Zahlung des Arbeitslosengeld II teilen sich Kommune und Arbeitsagentur. Dabei übernimmt die Kommune die Kosten für die Wohnung und die Arbeitsagentur die Auszahlung des Geldes. Die Geldauszahlung ist demnach eine Sozialversicherungsgegenleistung. Kindergeld ist eine bundesstaatliche Transferleistung, die jedem Bürger unabhängig von dessen Wohlstand zusteht. Die Hilfe zum Lebensunterhalt findet beim örtlichen Sozialamt statt, vorausgesetzt der jeweilige Bürger gilt als nicht arbeitsfähig. Als Rentner bekommt man keine Hilfe zum Lebensunterhalt, sondern stattdessen die Grundsicherung. Interessant wäre es jetzt zu ermitteln, welche Summe herauskommen

würde, wenn man alle obigen und auch die noch nicht
aufgelisteten Sozialleistungen in Geldwert aufaddieren
würde. Allein mit der Sozialhilfeposition Wohnungs-
kostenübernahme durch die Kommunen kommt man
überschlägig auf ca. 750 Millionen Euro. Das Kindergeld schlägt diese Summe mit über 35 Milliarden Euro
per anno bei weitem. Wenn man alles zusammenzählt,
dann kommt man auf zig Milliarden Euro, zu einem
großen Teil nicht nach sozialer Bedürftigkeit, sondern
mit unterschiedsloser Gießkanne verteilt. Wenn man
wirklich in sozialistischer Hinsicht den Bedürftigsten
und Ärmsten helfen möchte, dann müsste man das anders machen. Einer nationalliberalen Sozialpolitik entspricht die aktuelle Sozialpolitik der GROKO jedenfalls
nicht. Nationalliberal heißt in diesem Zusammenhang,
dass das Steuergeld erstens bei den Bürgern besser auf-
gehoben ist, und mit dem verbliebenen Steueraufkom-
men, den wirklich bedürftigen Mitbürgern besser geholfen werden kann.

Wie dürftig den Bedürftigsten unserer Gesellschaft mit
dem aktuell geltenden „Gießkannenprinzip" geholfen
wird, belegen interessanterweise gerade die oft zitierten
Statistiken des Deutschen paritätischen Wohlfahrtsverbandes Gesamtverband e. V., der regelmäßig die Soziallage
noch schlechter darstellt, als diese eigentlich ist. Mit den
hunderten aktuell laufenden Sozialprogrammen sollte
dieser Verband eigentlich umgekehrt nachweisen, wie
erfolgreich diese Programme wirken. Das scheint jedoch
nicht das allererste Interesse, bei der Geschäftsführung
dieses Verbandes zu sein. Die bewusste Diffamierung der
Sozialsituation ist schon mit der ersten Grundannahme

gegeben, die in einem komplex errechneten mittleren Einkommen aller Bundesbürger liegt. Dieses landet bei 1810,- € netto pro Haushalt. In dem Bericht wird sehr viel über die unterschiedlichsten Haushalte berichtet, jedoch nicht wie groß der durchschnittliche Haushalt in der BRD ist. Nehmen wir dafür das Statistische Bundesamt, das auf eine durchschnittliche Zahl von 2 Bürger pro Haushalt kommt, von Kind bis Greis.

Netto statt Brutto? Bei Einkommen sollte man normalerweise immer Brutto rechnen, denn das Brutto muss vom Werktätigen verdient werden. Darin sind Steuern und Sozialabgaben enthalten, na klar, aber die müssen trotzdem verdient werden. Und von diesen Abgaben haben die Abgebenden ja auch unterschiedlichste Nutzen, angefangen mit den darin enthaltenen Kranken- und Rentenversicherungen. Damit beginnt also die Messschieflage schon. Man sollte als mittleres Einkommen besser ca. 2500,- € nehmen. Nun gut, belassen wir es bei der Marke von 1810,- € netto gemäß paritätischer Wohlfahrtsverband. Jetzt wird bei unter 60 % dessen Armut definiert. Das sind 1086,- € netto. Sozialabgaben und Lohnsteuern müssen von diesem Wert nicht mehr bezahlt werden. Es müssen Wohnungs-, Nahrungs- und Freizeitkosten damit ausgeglichen werden. Das ist machbar. Wenn im Durchschnittsbundeshalt einer von den beiden Brutto ca. 1300,- Euro nach Hause bringt, und damit auch den Arbeitgeberanteil an die Sozialversicherungen mitverdient, dann ist das eine Leistung. Man kann das als arm bezeichnen, man muss das aber nicht. 1.300/160 Stunden = 8,12 € brutto/Std., das entspricht also ziemlich genau dem gesetzlichen Mindestlohn.

Gemäß Statistischen Bundesamt beträgt das durchschnittliche monatliche Bruttoeinkommen pro Kopf von der Gesamtbevölkerung 3455,- € (im Jahr 2018). Das ergibt pro
2 Personenhaushalt 6911,- € brutto im Monat. Gemessen
am monatlichen Brutto eines Durchschnittshaushaltes
nach Maßstab des paritätischen Wohlfahrtsverbandes
sind das satte 276 % mehr. Das Statistische Bundesamt
nimmt die Zahlen so wie diese sind. Der paritätische
Wohlfahrtsverband rückt diese Zahlen mit seitenlangen Argumentationen passend für sich zurecht. Wenn
man das Land und seine Bürger schon im Einstieg so
arm rechnet, kann man verstehen, dass dann die Armut
schon bei 60 % des so Errechneten beginnen kann. 60 %
von 6911,- = 4146,- € brutto/mtl. bei einem 2 Personenhaushalt als arm zu bezeichnen wäre ja auch absurd. Die
groteske Willkürlichkeit des jährlichen Armutsberichtes
des paritätischen Wohlfahrtsverbandes wird deutlich.

Das aktuell geltende Existenzminimum in Deutschland
beträgt aktuell 764,- € monatlich. Wer das mit eigenen
Mitteln nicht erreicht, der ist arm. Wenn ein 3-Personenhaushalt aus eigenen Mitteln 2100,- € brutto monatlich nicht erreichen kann, dann ist dieser unterhalb
des Existenzminimums. Dann ist dieser Haushalt arm.
Dann muss diesem Haushalt direkt und verlässlich geholfen werden. Wenn man die Gesamtzahl der Personen,
die so leben müssen, ermitteln würde, dann hätte mein
eine reelle Zahl für die Armut und eine reelle Armutsquote. Diese Zahl gibt es aktuell nicht – zumindest nach
Zusammenrechnung aller Einkunftsarten von a) bis f)
nicht. Es wären weniger Arme, als bisher angenommen.
Bei dem ersten Versuch einer Zählung der tatsächlich

Obdachlosen in Berlin hat man nur ca. 20 % der Obdachlosen auffinden können, die man vorher in den Behörden angenommen hat. Ähnlich wird es sich auch verhalten, wenn man die tatsächlich Armen in ganz Deutschland zählen würde.

Die Armut könnte man reell und direkt bekämpfen. So würde eine nationalliberale Art der Armutsbekämpfung beginnen. Diese Armutsbekämpfung würde nicht mit Interessen-gesteuerten Rechentheorien beginnen. Im Falle des oben genannten Haushaltes, in dem einer der beiden Teilnehmer 1.086,- € netto leistungsstark mit dem Mindestlohn verdient, hieße das eine gemeinschaftliche Unterstützung von 442,- € netto/mtl., nachrangig nach b), c), d), e) und f).

An dieser Stelle passt ein Zitat vom Focus Money Kolumnisten Frank Pöpsel aus dem Focus 9/2020. Dort schreibt er unter anderem, Zitat: „Selbst wenn sich das Einkommen verdoppeln würde, bliebe der Anteil der Armen genauso hoch wie zuvor. Die konkreten Zahlen zeigen eine weitere Unlogik: Von 2008 bis 2018 ist das Einkommen, unter dem ein Haushalt als armutsgefährdet gilt, von 1652 auf 2174 Euro gestiegen, inflationsbereinigt auf 1911 Euro. Die Formel lautet also: Armut = mehr Geld auf dem Konto." Zitat Ende. Besser kann man die Absurdität der immer wieder und oft zitierten Rechnung des Paritätischen Wohlfahrtsverbandes nicht auf den Punkt bringen.

NATIONALLIBERALE KULTURPOLITIK

Die Kulturpolitik – lange Zeit den Kultusministerien zurecht zugeordnet – ist in Deutschland aus sehr guten Gründen der Länderhoheit untergelegt worden. Der Bund hat sukzessive auch in diesen Bereich versucht mehr und mehr Macht auszuüben. Auch die EU versucht dieses. Diese Verwischungen zwischen den Ebenen, werfen am Ende überall Fragen auf, und erlaubt auf jeder Entscheidungshierarchie Ausreden. Immer können auch andere verantwortlich gemacht werden. Man ist nicht allein verantwortlich für eine Maßnahme. Jeder Mensch, jede Gruppe, jede Körperschaft und jede Obrigkeit wird es sich zunutze machen, wenn es möglich ist andere in die Mitzuständigkeit, in die Mittäterschaft, in die Mitbudgetierung – kurzum in die Mitverantwortung einzubeziehen. Dafür gibt es hunderte Beispiele im deutschen föderalen System, die alle natürlich aus guten und politisch korrekten Gründen unternommen worden sind, denn man will ja nur Gutes, man will ja nur einen besseren Weg ausweisen, man will ja nur noch mehr Finanzmittel generieren und man will es vor allem gemeinsam machen, denn da sind wir uns ja wohl alle einig!

Hallo? Stimmen gegen diese Verwischungen sind selten. Wegen der gut gemeinten Absichten vor diesen Verwischungen gelten deren Kritiker als Außenseiter. Dieses Phänomen findet man in vielen Politikfeldern. Beispielhaft seien aufgezählt: Asylverwaltung, Flughafenbauprojekt Berlin Schönefeld, Digitalpakt, gesetzliche Rentenversicherung oder viele einzelne Schulbauprojekte.

Zur Kulturpolitik gehört, wie von der politischen Führung Begriffe in den Alltag platziert werden. Als Beispiele seien genannt Hartz 4 und Jamaika Koalition.
Jamaika, was für eine abwegige Bezeichnung für das so
wichtige damit bezeichnende Unterfangen eine neue Na-
tionalregierung mit Parteien zu formieren, die sich dazu
das erste Mal zusammenraffen wollen. Es gäbe sicherlich eine Menge Möglichkeiten CDU/CSU/FDP/Grüne in
Koalition treffend zu bezeichnen. Wenn man schon mit
den Parteifarben spielen möchte, dann läge in nationaler Sicht die Flagge von Coburg wesentlich näher als die
von Jamaika, zumal sich Coburg in puncto Koalitionen
im Laufe seiner Geschichte durchaus geschickt verhalten hat. So oder so, es gäbe viele heimatverbundenere
Begriffe für die wichtigen Bemühungen, eine solche Koalition zu bilden.

Ähnliches kann man zum inzwischen völlig unbestrit-
tenen Begriff Hartz 4 sagen, der veralbernd für die existentiell so wichtige Grundabsicherung von Millionen von
abhängig Beschäftigten steht. Neben diesem Begriff gäbe
es viele Möglichkeiten dieses Sozialgesetz zu bezeichnen.
Am nächsten läge sicherlich die vorherige Bezeichnung
zum gleichen Thema Arbeitslosengeld 2. Die SPD hat sich
den Respekt gegenüber diesem Gesetz, das Deutschland
an vielen anderen konkurrierenden Nationen in Europa
vorbei in die arbeitsmarktpolitische Spitzenposition gebracht hat, untergraben lassen. Genauso wie es unsinnig
war und ist sich in der Parteiführung vom Altkanzler
Gerhard Schröder loszusagen, so ist es unsinnig sich von
einer Reform loszusagen, die sie einst mit Überzeugung
und vor allem Erfolg durchgesetzt hat. Teilweise haben

Sozialdemokraten selbst diese wichtige Reform mit dem unsäglichen Begriff Hartz 4 verunglimpft. Diese sind von der Parteiführung in den 00er Jahren nicht entschlossen genug eingenordet worden. Es gibt inzwischen sehr wenige Sozialdemokraten, die sich der Verunglimpfung des „Bundesgesetz zur Absicherung bei Langzeitarbeitslosigkeit", entgegenstellen. Die Verteidigung gegen diese Verunglimpfung, sowohl was die Bezeichnung, als auch was das Gesetz betrifft, empfiehlt sich mehr zur Parteiräson zu machen, als es nur vereinzelten, gedienten Sozialdemokraten zu überlassen.

Zu den ideologischen Entwicklungen in der Parteienlandschaft: Nach 2015 wird immer wieder die strukturelle Mehrheit links behauptet. Warum man auf diese strukturelle Mehrheit erst in den letzten Jahren kommt, ist doch sehr verwunderlich. Denn man kommt allerspätestens nach September 15 mit Union, AFD und FDP zusammenrechnet auf eine eindeutige strukturelle Mehrheit rechts. Die Hypothese funktioniert nur dann, wenn man die AfD bewusst neutralisiert. Im Übrigen gab es die strukturelle Mehrheit links nicht nur vor, sondern auch nach 2005. Schröder hatte instinktiv recht, dass er sich nach der Wahl in 2005 nicht vorstellen konnte, dass Merkel Kanzlerin werden konnte. Linke, Grüne und Sozialdemokraten hatten bis 2015 eine eindeutige strukturelle linke Mehrheit. Die Linke hat dieses, wie so oft in deutscher Geschichte, wegen brüchiger vorgeschobener Argumente nicht in Regierungsarbeit umgesetzt. Ressentiments, die gerne neuen rechten Bewegungen und Parteien angelastet werden, konnten bei der SPD gegenüber Konkurrenzparteien im eigenen linken Lager nicht abgelegt werden. Dieses kann als ein weiterer elementarer Faktor für den Niedergang der Sozialdemokraten seit 2005 gewertet werden. Das Ressentiment wiegt umso schwerer, als dass die Sozialdemokraten gerade die Außenpolitik zum Abgrenzungsthema Nr. 1 gegen die Linke anführen. Dabei hat gerade auf diesem Feld die Linke eine ganze Reihe von konstruktiven Vorschlägen kreiert. Insbesondere die dauerhaften Vorschläge, dass Deutschland sich aus militärischen Konflikten zwischen Drittstaaten heraushalten solle, darf dazu gezählt werden. Der inhaltliche Abstand zwischen Linker und SPD ist sicher kleiner gewesen als der zur CDU. Die Linke hätte ganz andere Gestaltungsspielräume gehabt, als die große Koalition. Die unterschiedlichen Programme zu Krieg, NATO oder Verstaatlichung waren nur vorgeschoben. SPD, Grüne und Linke hatten während der 00er Jahre eine große Chance verspielt.

Genutzt hat diese dann 2009 die FDP, die diese echte Chance mit Ihrer Klientelpolitik dann vehement verspielt hat. Liberale Politik ist alles andere als Klientelpolitik. Sie ist genau das Gegenteil davon, weil Klientelpolitik immer die Freiheit des gesamten Restes beschneidet, und zwar zwangsläufig und immanent.

An dieser Stelle sei ein Hinweis auf den gewissermaßen sozialen Faden hingewiesen, den viele Parteien in Ihren Namen nehmen und damit dessen allerhöchste Gewichtung unterstreichen. Das Soziale, sprich das den Nachbarn unterstützende, den Schwächeren der Gemeinschaft helfenden, die Unterstützung der Entrechteten berücksichtigend und der Vermeidung von Verelendung Vorschub leistende Element, war immer ein wesentliches Element und wird immer ein wesentliches Element in Gemeinschaften bleiben – jedoch eben nur als ein selbstverständliches Element neben Toleranz, neben Verlässlichkeit, neben Rechtssicherheit, neben Sicherheit an sich, neben Gemeinschaftsfreude und vielen Selbstverständlichkeiten mehr. Das Soziale hatte seinen berechtigten Sonderstatus im Zuge der Industrialisierung, der damit zusammenhängenden Massenproduktion und den daraus folgenden Entpersönlichungen.

Alle Erkenntnisse und daraus folgende Reformen rund um das Thema Arbeit, haben seit dem Ende des 19. Jahrhundert und mündend im Ende des 20. Jahrhundert dafür gesorgt, dass das Soziale in der Politik wieder seinen normalen und selbstverständlichen Platz bekommen hat. Diesen Platz hat das Liberale und Nationale nicht. Dieses ist der Hauptgrund, weshalb strukturell die Sozialdemokratie in Europa an Zustimmung kontinuierlich verliert. Und dieses ist der Grund weshalb das Liberale (siehe Macron in Frankreich) und das Nationale (siehe Polen, Slowakei, Tschechei oder Ungarn) sukzessive an Zustimmung gewinnen. Diese beiden Richtungen werden sich auf absehbare Zeit wegen des gesamten politischen Umfeldes und insbesondere wegen Ü durchsetzen. Auch in Deutschland wird das zunehmend passieren – unabhängig davon in welchen politischen Formationen. An dieser Stelle muss ein kurzer Vermerk zum Nationalsozialismus gemacht werden, unter welcher Bezeichnung alles verunglimpft wird, was im Sinne dieses Buches, oder auch im Sinne vieler AfD, CSU und auch CDU Politiker in Richtung nationales geäußert wird. Der Nationalsozialismus ist ein Gegenteil des Nationalliberalismus. Vor allem wegen des Wortes Sozialismus schon allein.

Sozialismus steht immer gegen Liberalismus. Liberalismus ist von vornherein undefiniert und entwickelt seine Kultur sukzessive aus der jeweiligen Gesellschaft heraus und kann zu jedem Zeitpunkt hinterfragt und geändert werden. Sozialismus wird geführt durch Prämissen, die wissenschaftlich und zentral definiert werden und dem gesamten Volk verordnet werden. Zwei Prämissen des Sozialismus sind in Deutschland in die Realität eingeführt worden.

1. Der Nationalsozialismus folgte den vorherrschenden Prämissen der Evolutionstheorie und vielen daraus folgenden Weiterentwicklungen. Einmal im Amt wurde ausgehend von der Rassentheorie dieses Konzept des Sozialismus und hier eben des Nationalsozialismus kompromisslos umgesetzt.
2. Der Kommunismus, etwas später etwas herabstufend auf Sozialismus verkürzt, gründete auf die Theorie des historischen Materialismus, so wie dieser in der Wissenschaft des 19. Jahrhunderts entwickelt und im 20. Jahrhundert weiterentwickelt worden ist.

Zu diesen beiden Prämissen könnte man jeweils Bibliotheken füllen, und sehr viel Wahres wohnt sicherlich beiden Prämissen inne. Zu was es führen kann, wenn man solche Prämissen in die politische Tat umsetzt, und diese Prämissen einzelnen Entscheidungsträgern überlässt und am Ende aus dynamischen Gründen alle Entscheidungsgewalt bei einer Person endet, dessen mussten alle und insbesondere wir Deutsche gewahr werden. Es endet mit Entrechtung, mit Entpersönlichung, mit Krieg und mit Massenmord. Mit diesen übelsten Fehlentwicklungen des politischen Sozialismus wird man bis heute und sicher auf unabsehbare Zeit konfrontiert werden und daraus wird man dauerhaft auch zurecht die richtigen Lehren ziehen. Dieses sollte dann auch für diejenigen gelten, die immer noch an die Volk beglückenden Wirkungen des Sozialismus glauben – natürlich eines neuen Sozialismus. Ökosozialismus? Die politische Entwicklung bewahre uns davor.

Auch die Benutzung von Moralgrundsätzen durch Regierung und maßgebliche Medien gehört in den kulturpolitischen Bereich. Die Bevorzugung der politischen Gesinnungsethik gegenüber der Verantwortungsethik, durch gegenwärtige Institutionen wirkt sich in jedem politischen Bereich aus. Und natürlich wirkt sich dieses auch auf die allgemeine kulturelle Diskussion im Lande aus. Zu den vermeintlich erwiesenen und nicht mehr hinterfragten Moralgrundsätzen gehören Thesen wie „alle Menschen sind gleich", „die Armen werden immer ärmer", „die Reichen werden immer reicher", „Frauen müssen genau so viel verdienen wie Männer", „jeder Asylsuchende ist ein Flüchtling", „die Klimaerwärmung ist unumkehrbar", „es gibt nicht genug Polizisten, Staatsanwälte, Richter, Lehrer oder Pfleger", „die Bauern bekommen zu wenig". Bei Problemlagen werden auch gerne Standards genutzt wie „die Politik wird doch eigentlich von starken Lobbys gesteuert", „Putin und Erdogan sind Despoten" oder „Donald Trump ist unberechenbar". Man könnte eine ganze Reihe weiterer Thesen anführen, die gerade im Verlaufe des letzten Jahrzehntes zunehmend verabsolutiert wurden und im Ergebnis einzelne Gruppen oder Individuen, die diese Moralgrundsätze relativiert haben, ausgegrenzt, verachtet oder geächtet haben.

Ein sehr gutes Beispiel dafür ist die Ächtung, die dem deutschen Fußballweltmeister von 2014 Mesut Özil nach einem gemeinsamen Foto mit Erdogan im Frühsommer 2018 widerfahren ist. Özil war auf den Weltmeisterschaften 2010 und 2014 der deutsche Spielmacher und ist so verdientermaßen von allen bejubelt worden. Ein Foto hat dieses Verhältnis zwischen Özil und Volk vollständig zertrümmert. Erdogan ist nach seinen verschiedenen politischen Maßnahmen, die dieser nach Überwindung des Staatsstreiches gegen ihn selbst unternommen hat, in Deutschland und insbesondere auch von der Bild Zeitung zur Unperson erklärt worden. Keine maßgebliche Institution hat dazu Gegenrede gemacht. Einem Fußballspieler wie Mesut Özil müsste es, als deutscher Staatsbürger selbstverständlich möglich gemacht werden eine eigene politische Meinung zu haben, und es müsste ihm auch möglich gemacht werden, diese zu dokumentieren. Der DFB als sein Nominator hätte sich, wenn es schon sonst niemand in sämtlichen öffentlichen Institutionen getan hat, schützend vor einen seiner besten Athleten stellen müssen, um ihm diese politischen Grundfreiheiten zu gewähren. Der DFB tat dieses nicht. Ein inzwischen zurückgetretener DFB-Präsident tat dieses nicht. Das allermindeste wäre gewesen, dass die Mannschaftsführung um den Bundestrainer, den Teammanager und den Mannschaftskapitän dieses getan hätte. Im Kern wäre diese Schutzmaßnahme die Aufgabe von

Teammanager Bierhoff gewesen. Warum das alles nicht passiert ist? Warum der deutsche Fußballweltmeister der allgemeinen öffentlichen Ächtung preisgegeben wurde, und dieses bis zum Tag dieser Niederschrift andauert, ist unerklärlich. Nein. Sie ist doch erklärlich, nämlich aus einem selbstgefälligen Gutmenschentum heraus, das einen Moralgrundsatz als unbestreitbar aufstellt, und alles andere, was Zweifel daran sähen könnte, abtropfen lässt. So etwas geschieht, wenn eine Gesinnungsethik sich so verfestigt hat, dass sie sich selbst nicht mehr erkennt. Deutschland hat auf der WM schlecht gespielt und ist das erste Mal in der deutschen Fußballgeschichte schon in der Vorrunde ausgeschieden. Bei keinem Sportreporter, der über den miserablen Ausgang der WM in Russland berichtete, konnte man ein Gespür für die tiefe Wirkung der Verächtlichmachung Mesut Özils erkennen. Vielleicht ansatzweise bei dem tiefgründigen Marcel Reiff. Jedoch ansonsten gab es weit und breit niemanden, der die Tragweite dieser Freiheitsbeschränkung auf der Basis eines diskutablen Moralgrundsatzes erkannt hatte. Dieses soll hier als das einzige Beispiel für übertriebenes Gutmenschentum im Deutschland der letzten Jahre beschrieben sein. Gleiches könnte man zu vielen anderen Beispielen machen.

Ein wichtiges, täglich wieder diskutiertes Thema muss in diesem kulturpolitischen Teil aufgeführt werden, das Thema „nie wieder Antisemitismus". Im Grunde ist auch dieses ein Moralgrundsatz, der denjenigen, der auch nur die kleinsten Zweifel daran geltend machen würde, sofort der allgemeinen gesellschaftlichen Ächtung preisgeben würde. Martin Walser und Jürgen Möllemann seien als 2 Männer an dieser Stelle erwähnt, die das schon erdulden mussten. Alle sprechen fortlaufend von Antisemitismus. Was bedeutet Semit eigentlich? Dem Worte nach bedeutet es nicht jüdisch. Semiten wurden in der langen geschichtlichen Entwicklung diejenigen genannt, die westlich von den Persern, heute Iranern gelebt haben. Vornehmlich sind Semiten den heutigen Regionen um Damaskus, Jordanien, Sinai, Palästina und Israel zugeordnet worden. Dabei handelte es sich nicht nur um Juden, sondern stattdessen um alle Menschen, die in dieser Gegend gelebt haben und dazu gehörten in der Hauptsache neben den Juden auch die Araber. Vor diesem Hintergrund ist die genutzte Begrifflichkeit Antisemitismus, so wie sie im deutschsprachigen Raum benutzt wird missverständlich. Eine Erörterung dieses verabsolutierten Moralgrundsatzes beginnt schon mit dem dafür verwendeten Begriff.

Jetzt ist es so, dass man zumindest im deutschsprachigen Raum Antiamerikanismus, Antirussland, Antianglizismus oder sonstige Anti- machen darf, jedoch partout nicht Antisemitismus. Warum? Weil die deutsche Staatsführung sich während des 2. Weltkrieges des Völkermordes am jüdischen Volk schuldig gemacht hat. Das ist auf jeden Fall ein überragend wichtiger Grund jeglichen anfeindenden Antisemitismus zu verhindern. Richtig. Jedoch kann auch die größte Verdammnis von Handlungen, die nicht entstehen sollen, die Fragen, die Vergleiche oder die Überprüfungen – schlicht den Diskurs darüber verhindern, wie es zu dieser geschichtlichen Katastrophe kommen konnte. Dieses wird seit der Erledigung des Historikerstreites in den 50er und 60er Jahren jedoch

gemacht. Es gibt keinen Diskurs über den Antisemitismus. Noch nicht einmal den leisesten. Wo dieses vereinzelt dennoch versucht wird, da wird dieser postwendend
gesamtgesellschaftlich wieder in den Boden gestampft.

Das wird auf Dauer kulturell so nicht gehen. Zumindest
wird das nicht gehen, wenn man Gegenkonspirationen
in diesem Zusammenhang vermeiden möchte. Es gibt
Fragen, die gestellt werden, die diskutiert werden, die
Ergebnisse liefern werden und die zu kritischen Auseinandersetzungen führen werden. Es sind Fragen wie: Sind
die Juden über ihre Geschichte betrachtet wirklich völlig
schuldlos an der Entwicklung bis in die 40er Jahre des
letzten Jahrhunderts? Warum assimilieren sich andere
Völker, nachdem diese die Immigration hinter sich gehabt hatten? Einige Beispiele in einer langen Reihe seien
hier genannt: die Polen im Ruhrgebiet, die Deutschen in
den USA, die Sueden im heutigen Baden-Württemberg,
die Hugenotten in Berlin, die Holländer in Potsdam oder
die Dänen in Südschleswig. Die Juden tun das über Jahrhunderte nicht. Viele andere Völker haben auch ihr Land
verloren und mussten in andere Länder fliehen, und haben sich dort den allgemeinen Gewohnheiten angepasst –
sprich sich assimiliert. Die Frage wird irgendwann auch
in Deutschland wieder gestellt werden, was die Gründe
dafür sind, dass ausgerechnet die Juden das nicht machen. Ist es für andere Völker in Gänze tolerabel, neben
einem Volk zu leben, oder dieses Volk auf dem eigenen
Territorium leben zu lassen, das von sich behauptet, das
auserwählte Volk zu sein? Fragen, die in der Geschichte
schon genug Sprengkraft in sich bargen, und die diese
auf einem neuen diskursiven Niveau auch in Zukunft

wieder erzeugen werden. Die Debatte Freiheitsliebender wird vor keiner relevanten Frage halt machen und auch vor diesen Fragen nicht. Das wird unabhängig davon geschehen, wie sehr die Teilnehmer bei den Debatten um diese unvermeidbaren Kernfragen zum Thema Judentum auch ausgegrenzt werden sollten.

Kirchenpolitik gehört zur Kulturpolitik. Das Thema Kirchensteuer klammere ich an dieser Stelle gerne einmal aus. Immerhin kann sich jeder Bürger frei entscheiden, ob er Mitglied einer Kirche sein möchte oder nicht, um dann eben auch diese Steuer zu bezahlen oder nicht. Diskutabel ist das Thema Kirchensteuer aus nationalliberaler Sicht jedoch allemal. Angemerkt soll an dieser Stelle sein, dass die Kirchen von einem moralischen Ross gerne einmal doch absteigen dürfen, und das betrifft das Thema Einigungen. Einigungen sind in vielen Bereichen schwierig, ob Einigungen von Nationen, Gewerkschaften oder Arbeitgeberverbänden. Wenn die Kirchenvertreter bei Einigungsproblemen mahnende Predigten halten, dann sei die Kirche bitte daran erinnert, dass sie es mittlerweile seit 500 Jahren zwischen der katholischen und der evangelischen Kirche nicht schafft einen gemeinsamen Konsens zu finden. Das deutsche Volk leidet darunter nicht mehr so wie teilweise in der fernen Vergangenheit, es ist jedoch immer noch ein misslicher Zustand. Es gibt einen Gott, einen Gottessohn und den Heiligen Geist in beiden Kirchen. Diese Dreifaltigkeit wird in den beiden Kirchen gleich sein. In Hinsicht auf diese und die anderen tiefen Wurzeln des Glaubens sollte die christliche Kirche in Deutschland und normalerweise auch in der Welt wieder in der Lage sein, zu einer

Kirche zusammenzuwachsen. Aber das ist sicherlich ein Projekt von außerordentlicher Langfristigkeit.

Von den religiösen Strukturen ausgehend, darf man in der Gegenwart behaupten, dass diese Einigung unmöglich sein wird, genauso wie die unmögliche Einigung zwischen den vielen anderen Religionen. Die kriegerischsten innenpolitischen Ereignisse entstanden in Deutschland wegen religiöser Differenzen. Das kriegerischste Gebiet auf dem heutigen Globus ist dort, wo drei große Weltreligionen in einer Gegend aufeinandertreffen.

Ein kulturpolitisches Thema ist der Umgang mit den Sozialmedien. Facebook, Instagram, Twitter, WhatsApp, YouTube & Co werden, wie vieles andere auch, tagtäglich kritisch unter die Lupe genommen. Tagtäglich werden dabei aber auch die berühmten Äpfel mit Birnen verglichen. Die Sozialmedien sind Medien wie Post, Telefon, Radio, Fernsehen, Teletext oder E-Mails. Sie müssen Geschäftsbedingungen einhalten wie Briefgeheimnis oder Datenschutz. Alle genannten Medien waren zu Zeitpunkten und gerade auch zu den Zeitpunkten ihrer jeweiligen Entstehung den Obrigkeiten Dornen in den Augen. Je mehr Informationen im Volk kursieren, je mehr Wissen dort vorhanden ist, desto schwieriger wird das Regieren und desto schwieriger wird das Führen von althergebrachten Geschäften, die sich plötzlich neuen Medienmöglichkeiten erwehren müssen. Das führte immer zu Diskussionen und auch Einschränkungen der verschiedenen Medien. Die öffentliche Wirksamkeit der verschiedenen Medien hat sich am Ende jedoch immer unabhängig von jeder gesetzlichen Einschränkung durchgesetzt.

Menschen lassen sich Ihre Informationsquellen und Ihre Kommunikationsmittel nicht wegnehmen.

Die neueste Entwicklung seit 2018 jedoch, das Medium verantwortlich zu machen, was dessen Nutzer mit diesem für Unfug machen, das ist eine ganz neue Entwicklung, die es vorher nicht gegeben hat. Wenn ein Teilnehmer verbotene Meldungen über die Post, das Telefon, das Radio oder das Fernsehen verbreitet hätte, dann ist es selten dazu gekommen, diese Medien dafür verantwortlich zu machen. Diese Verantwortlichkeit hat jedoch tatsächlich Justizminister Maas, SPD, so in die Wege geleitet. Über weite Strecken wird das von Interessierten dieser Materie geteilt. In Druckmedien, Funk und Fernsehen ist die Motivation dazu auch nachvollziehbar, weil alle diese Medien durch die Sozialmedien unter Druck geraten. Trotzdem bleibt es falsch. Man kann nicht das Medium, in dem sich Millionen von Menschen informieren und untereinander kommunizieren dafür verantwortlich machen, dass einige Teilnehmer darin Schindluder betreiben. Damit stellt man die verantwortliche Zuordnung der illegalen Handlung auf den Kopf. Man kehrt diese um. Das wird nicht funktionieren. Das macht unter dem Strich die Sache noch schlimmer, als sie vorher war. Man bringt damit ganze Gruppen in Mithaftung und in Zielkonflikte, die normalerweise mit den Bösartigkeiten, die einige Teilnehmer in diesem Umfeld betreiben, gar nichts zu tun hätten. Auch auf europäischer Ebene wird das Massenscreening mit den daraus abzuleitenden Eliminierungen auf Dauer gegen die Wand laufen. Das einzige was den Politikern, die solche Gesetze durch unwissende Parlamente gepaukt haben, passieren wird, ist der zunehmend breite Widerstand des Publikums deren Sozialmedien zunehmend durch politische Unsinnigkeiten korrumpiert werden. Alle Politiker, die das von Heiko Maas initiierte und hier so genannte „Meinungspräventionsgesetz" unterstützen, die seien versichert, dass das viel Publikum sein wird. Jedes Publikum weiß die Qualitäten zu schätzen, die Information und Kommunikation technisch verbessern. Das war schon immer so und das wird auch so bleiben.

Was wäre aus nationalliberaler Sicht eine Maßnahme im Gegensatz zu den bisherigen hilflosen Maßnahmen, wieder mehr Kultur im besten Sinne in die Sozialmedien hineinzubringen und damit einhergehend weniger Illegalität? Klarnamen. Ganz einfach Klarnamen. Wie im analogen Leben. Die Deutschen gehen ja auch nicht zu zwei Dritteln mit Masken und Verkleidungen auf die Straßen und Plätze der Republik. Zumindest war das bis zum Ausbruch der Covid-19 Pandemie so. Im Allgemeinen weiß man im analogen Leben einigermaßen, wer was sagt und daraus folgend wie man das einordnen kann. Und jeder der im analogen Leben agiert, der weiß auch, dass sein Handeln Konsequenzen haben kann, denn er ist ja nicht unbekannt, er kann identifiziert werden. Ein Mensch verhält sich im normalen analogen Kontext daraus folgend im Allgemeinen verantwortlich. Diese Einfachheit ist in die sozialen Medien bei Facebook, Twitter und Co einzuführen. Dann regelt sich das allermeiste von selbst. Teilnehmer in all diesen Medien müssen erkennbar sein. Man sollte wissen wie sie heißen und wo sie herkommen und vielleicht noch 2 bis 3 weitere Daten zum jeweiligen Teilnehmer, auf die man sich gesellschaftlich verständigen kann. Das wäre eine nationalliberale Maßnahme in diesem Kontext. Wenn sich nicht weit über die Hälfte aller Teilnehmer in den aktuellen sozialen Medien hinter irgendwelchen Pseudonymen verstecken könnten, dann würden die sozialen Medien innerhalb kürzester Zeit einen weit greifenden kulturellen Selbstreinigungsprozess erleben, der alles, was dazu bisher gesetzgeberisch unternommen worden ist, weit in den Schatten stellt.

Ein echtes kulturelles Thema kann man jeden Abend um 20:00 Uhr live besichtigen. Wer dieses Phänomen im Auge behält, dem fällt dieses auch in vielen andern Zusammenhängen auf, in denen Bilder in die Öffentlichkeit gebracht werden. Im neuen Studio der Tagesschau ist die Weltkarte nicht maßstabsgerecht. Dadurch, dass der Kugeleffekt missachtet wird, erscheint Europa groß, Russland noch größer und Afrika klein. Wer sich das wohl ausgedacht hat? Wenn dem Volk diese Größenverzerrungen jeden Abend in der Tagesschau unterlegt wird, dann wird es zumindest unbewusst diese Größenzuordnungen übersetzen. Und diese Übersetzung hat politische Bedeutung. Wenn Russland bei der deutschen Nachrichtensendung Nummer 1 dauerhaft viel größer gemacht wird, als es ist, und dagegen Afrika dauerhaft viel kleiner gemacht wird, als es ist, dann hat dieses Design politische Bedeutung. Man wird dabei behaupten dürfen, dass diese Landgrößenmanipulationen von den Managern und Redakteuren der Tagesschau beabsichtigt sind, denn sie geben im Allgemeinen vor, gut über alles Bescheid zu wissen. Um zu erahnen, auf was diese Fehlproportionierung politisch abzielen soll, braucht der Zuschauer dieser meist gesehenen Fernsehsendung in Deutschland nicht sehr viel Fantasie.

Ein weiteres kulturelles Phänomen mit negativer Auswirkung auf die Stabilität der Demokratie kann mit den Namen Krause, Gysi, Wulff, Schulz, und Nahles sichtbar gemacht werden. Alle diese Personen sind wegen relativ nichtiger Geschehnisse von ihren wichtigen Ämtern zurückgetreten. Wichtige Ämter verlangen Persönlichkeiten, die neben anderen Qualitäten auch standhaft bleiben sollten. Der Wähler sollte sich auf diese Personen verlassen können, auch wenn es vielleicht einmal ungemütlich wird und man sich im politischen Sturm wiederfindet. Krause zum Beispiel war der DDR Widerpart gegen den BRD-Schäuble bei der Aushandlung des Einigungsvertrages. Gerade in den 90er Jahren wäre es wichtig gewesen einen standhaften Ostpolitiker dauerhaft neben Kohl installiert gehabt zu haben. Wenn aus heutiger Sicht über die ersten Jahre der deutschen Einheit diskutiert wird, dann wird immer wieder unterstrichen, dass man mehr auf ostdeutsche Interessen hätte eingehen müssen. Der schnelle Rücktritt von dem wichtigen Minister Krause wegen einer Vergleichs-weisen Lappalie – nämlich der Mitnahme von Arbeitsamtssubvention für eine Hausangestellte – war ein verfrühter Rücktritt mit Langzeitverlusten. Ein fitter, selbstbewusster und standhafter Verkehrsminister Krause hätte damals viel mehr für den Osten Deutschlands bewegen können, als das was nach seinem Rücktritt tatsächlich stattgefunden hat.

Gregor Gysi ist als Berliner Wirtschaftsminister wegen privater Nutzung von Flugmeilen zurückgetreten. Bundespräsident Christian Wulff ist von einer Sternkampagne in die Ecke getrieben worden, die überwiegend auf Fehlinformationen beruhte. Vor Gericht ist Herr Wulff von allen Presseanschuldigungen freigesprochen worden. Im Grunde ist Herr Wulff ohne gravierende eigene Fehler vom höchsten deutschen Staatsamt zurückgetreten. Das hätte nicht passieren dürfen. Der Präsident unserer Nation braucht mehr Standfestigkeit, um das Amt und sich selbst darin zu behaupten. Die Story von Martin Schulz ist noch härter. Dieser Mann ist glorreich von sage und schreibe 100 % der abgegebenen Stimmen auf einem SPD-Parteitag zum Parteivorsitzenden gewählt worden. So ein Mann muss die Stellung halten. Wenn er geblieben wäre, dann wäre auch Andrea Nahles nicht gekommen, um die SPD Führung ähnlich dürftig abzugeben. Mit 100 % Unterstützung sollte man zumindest bis zum nächsten Wahlparteitag durchhalten. Schulz hat noch nicht einmal gravierende Fehler gehabt. Er passte im Grunde nur nicht mehr in das Strategiekonzept des ebenfalls der SPD zugehörigen Bundespräsidenten Steinmeier. Steinmeier mag schlechtere Politik machen als Schulz, aber er scheint standfester zu sein. Schulz hat aus SPD Sicht genau die richtige Konsequenz gezogen und sich öffentlich aus der großen Koalition verabschiedet. Selbst nach der Kehrtwende zurück in das Koalitionsbett mit Merkel, hätte er nicht zurücktreten müssen. In der Politik schlägt es immer wieder mal Kapriolen. Sich trotzdem aus dem SPD-Vorsitz jagen zu lassen zeugte nicht von Standfestigkeit und hat der SPD nachhaltig und sichtbar geschadet – zumal seine Nachfolgerin Andrea Nahles unvermuteter Weise ähnlich wenig Standfestigkeit in Ihrem Amt erkennen lassen musste.

NATIONALLIBERALE JUSTIZPOLITIK

Die Judikative hat sich im Verlaufe der Staatsgeschichte als unabhängige dritte Gewalt im Staat neben der Legislative und der Exekutive etabliert. Die Judikative bleibt auch bei größerem Einfluss nationalliberaler Politik genauso unabhängig im Vollzug der Gesetzeslage, so wie sie es seit dem 2. Weltkrieg in Deutschland gewesen ist. Im Gegenteil, der Nationalliberalismus wird strengstens darauf achten, dass die Unabhängigkeit der Judikative noch pedantischer eingehalten wird, als dieses vorher der Fall gewesen ist. Der Bürger kann versuchen sich in die politische Willensbildung der Legislative einzubringen und er darf hoffen, dass die Exekutive einen insgesamt guten Dienst verrichtet. Jedoch: Das wichtigste für jeden Bürger ist eine funktionierende Gerichtsbarkeit. Diese braucht jeder Bürger für die Verteidigung seiner Rechte und gerade auch für seinen individuellen Schutz vor Übergriffen der verschiedenen Staatsgewalten in seine rechtlich geschützte private Sphäre.

Die obersten Richter werden auf unterschiedliche Weise aus den zuständigen Gremien der Legislative und Exekutive gewählt. Die nationale politische Willensbildung wirkt sich so in der Personalführung der Gerichtsbarkeit mit einem Langzeiteffekt aus. In vielen Verfassungsgerichtsurteilen schimmert deshalb in diesen 10er Jahren trotz aller Ausgewogenheit immer wieder eine sozialdemokratische Grundhaltung hindurch. Das ist der normale Gang der Dinge. Auch Gerichte arbeiten nicht im luftleeren Raum. Nationalliberale Einflussnahmen werden zur Bewahrung der Unabhängigkeit in der Judikative umso mehr die sachlichen Kompetenzen in den Mittelpunkt der Nominierungen rücken.

Weil die Judikative so wichtig ist, ist auch deren Finanzierung so wichtig, damit eine möglichst effektive Gerichtsbarkeit gewährleistet werden kann. Insbesondere betrifft das natürlich die Zeitabläufe in den Verfahren, die so kurzfristig wie nur möglich ablaufen sollten. Dieser Aspekt sollte bei den jeweiligen Justizministern und den Gerichtsgeschäftsführungen oberste Priorität haben. Die Gerichtsgebühren und die Haushaltszuschüsse für Gerichte sollten zuvörderst so bemessen sein, dass die Gerichtskapazität für zügige Verfahren auf allen Ebenen gewährleistet werden kann. Um dieses Ziel zu erreichen, darf in der Organisation der Gerichtsbarkeit zukünftig mehr Flexibilität erwartet werden, damit Verfahrensengpässe schnell ausgeglichen werden können. Zum Thema Kapazitätsbereitstellung: Bevor man in diverse Wirtschaftsbranchen Geld hineinpumpt, sollte man vorher in jedem Falle dafür sorgen, dass die Gerichtsbarkeit mit ausreichenden Finanzmitteln ausgestattet ist, um angemessene Verfahrensabläufe zu sichern.

Neben diesem Grundsätzlichen ist aus nationalliberaler Sicht festzuhalten, dass die Gesetzgeber es vor lautem Tatendrang und guten Willen immer wieder mit zu vielen erlassenen Gesetzen, übertreiben. Gesetze bringen notwendigerweise immer auch Verbote mit sich. Für sehr viele Dinge bräuchte es nicht unbedingt Gesetze, sondern ein vernünftiges, verstehendes und eigenverantwortliches Miteinander der Bürger. Einige Beispiele übertriebener vorhandener oder gewünschter gesetzliche Regelungen sind: Zigarettenwerbeverbot, Krankheitsbilder auf Zigarettenschachteln, Silvesterfeuerwerksverbote, Gafferverbot, allgemeines Rauchverbot in privaten Gaststätten, Helmpflicht für Fahrradfahrer oder Lärmlimits an Wochenenden in der Nähe von Gastronomie- und Unterhaltungsbetrieben. Es seien an dieser Stelle nur die wenigen prägnanten Beispiele genannt, die alle das Potenzial haben, das normale Leben freier Bürger durch pauschale Regelungen willkürlich zu erschweren. Gerade die Regelungswut der EU in privateste Bereiche ist einer von mehreren Gründen für die zunehmende Unbeliebtheit der Europäischen Union. Aber auch der Bundestag und die Landtage täten gut daran, ihren Drang zu zähmen, sich an der Menge Ihrer Gesetze und Verordnungen messen zu lassen. Im Gegenteil: Jedem Gesetzgeber stünde es gut zu Gesicht, folgendes Gesetzgebungsverfahren einzuführen. Bei jedem neuen vorgeschlagenen Gesetzentwurf ist zwingend zumindest ein altes Gesetz zu nennen, das bei Inkrafttreten des neuen Gesetzes zu löschen ist. Dieses schlichte Gesetzgebungsverfahren in allen deutschen Parlamenten würde die beste deregulierende Dynamik auslösen, die in der Judikative denkbar ist. Und, dass es gegenwärtig zu viele Gesetze gibt, darüber ist man sich in Deutschland überwiegend einig.

NATIONALLIBERALE FINANZPOLITIK

Fiskalpolitik

Dieses Ressort stellt sich selbst und allen anderen Ressorts das Geld zum Arbeiten zur Verfügung. Das Finanzministerium mit all seinen nachgeordneten Finanzämtern ist, zum deutschen Glück, der am besten funktionierende Behördenapparat in Deutschland. Die Finanzbehörden stellen ausreichend Kapazitäten bereit, die es ermöglichen steuerliche Meinungsverschiedenheiten schnell, ausführlich und begründet zu klären. Natürlich wird man sich nicht immer einig, aber für diese Fälle gibt es neben den Finanzbehörden eine unauffällige Finanzgerichtsbarkeit, was in diesem Falle ein Ausweis deren ordentlicher Arbeit ist.

Die deutschen Finanzbehörden haben für die Haushalte der EU, des Bundes, der Länder und Gemeinden im Jahr 2018 insgesamt etwas mehr als 775000000000,- € eingenommen. Im Wort 775 Milliarden. Das ist pro Kopf der gesamten Bevölkerung in Deutschland etwas mehr als 9600,- €. Nun sind aus unterschiedlichsten Gründen nicht alle erwerbstätig und sind insofern nicht in der Lage die Steuersumme mitzuverdienen, zum Beispiel, weil Mitbürger dafür schlicht zu jung oder zu alt sind. Die Gesamtsumme der Erwerbstätigen – egal ob Arbeiter, Angestellter oder Selbstständiger, belief sich 2018 auf 45000000 Bürger. Diejenigen in Deutschland, die

in welchem Job auch immer mitgearbeitet haben, um
die Steuersumme zusammenzubringen haben ergo pro
Kopf durchschnittlich mehr als 17000,- € Steuern im
Jahr 2018 erarbeitet und abgeliefert. Diese Summe ist
nicht zu unterschätzen. Das sind monatlich im Durchschnitt über 1400,- €, die jeder Erwerbstätige nur für
den Fiskus verdient.

Bei diesen Zahlen wird deutlich, dass genug da ist. Auch
genug an Steuern. Im Durchschnitt verdient der Bundesbürger 1400,- Euro monatlich für den Staatshaushalt mit.
Wenn man mit diesem Geld nicht in der Lage ist, Armut
angemessen zu verhindern, dann ist etwas am System
falsch. Dass gerade die linken Parteien behaupten, es
müsse noch mehr Geld in das Finanzsystem gepackt
werden, um damit noch besser Armut zu bekämpfen,
erscheint vor dem einfachen Zusammenrechnen obiger
Zahlen absurd. Das Gegenteil dürfte der Fall sein. Es ist
viel zu viel Geld im System. Wenn man die Hälfte der
Steuermittel in das System stecken würde, also knapp
400000000000,-, dann wäre immer noch ausreichend
Geld im Staatshaushalt, um all dessen Aufgaben zu erfüllen. Und was die Armutsbekämpfung beträfe, würde
man dann die verbleibenden Geldmittel sicherlich gezielter einsetzen, um die Armut tatsächlich zu beseitigen.
Aus nationalliberaler Sicht ist festzustellen, dass viel zu
viel der meistens schwer verdienten Steuermittel ohne
Wirkung im großen Dickicht der vielen Staatsverwal-
tungen versickern.

Geldpolitik

Die Geldpolitik ist ein separater Bereich der Finanzpolitik und wird in allen erfolgreichen Volkswirtschaften der Welt von einer unabhängigen nationalen Zentralbank verwaltet. Nach der Beendigung des Goldstandards zur Währungsabsicherung, wird Geld in der Gegenwart von der Zentralbank im Austausch gegen Pfandabtretungen an die Banken ausgegeben, die dann für die weitere Zirkulation des Geldes im allgemeinen Wirtschaftstreiben sorgen. Dieses Procedere und die Freigabe des Kreditgeschäfts haben dafür gesorgt, dass enorme Hebel in den Refinanzierungen eingesetzt werden können, die für sich genommen schon einen erheblichen Anteil zum Wohlstand und zum wirtschaftlichen Wachstum beitragen. Zwar waren die Beschränkung auf Münzen und das Verbot der Kreditwirtschaft im Mittelalter sicherlich nicht die einzigen Bedingungen, die dazu führten, dass es im Mittelalter kaum wirtschaftliches Wachstum gegeben hat. Aber diese beiden Faktoren trugen dazu ganz wesentlich bei.

Eine unabhängige Zentralbank, die die Mittel der Geldpolitik optimal für die Volkswirtschaft einsetzt, entspricht dem Credo einer nationalliberalen Geldpolitik. Dieses Credo gilt auch bei den meisten anderen politischen Strömungen in funktionierenden Volkswirtschaften, und ist somit kein nationalliberales Alleinstellungsmerkmal. Die drei zentralen Werkzeuge einer Zentralbank sind die Geldmenge, der Leitzins und die Festlegung der Mindestreserven in der Bankwirtschaft. Eine kluge Zentralbankpolitik sorgt dafür, dass genügend Geld im Umlauf ist, um den Wirtschaftskreislauf reibungslos arbeiten zu lassen und sorgt gleichzeitig dafür, dass nicht zu viel Geld in diese Kreisläufe gegeben wird. Wenn zu viel Geld in die Kreisläufe gepumpt werden würde, würde das Geld entwertet werden und die Geldwertstabilität damit gefährdet werden. Die Geldwertstabilität ist vor allem für das Zukunftsvertrauen aller Wirtschaftsteilnehmer wichtig. Wenn die Geldwertstabilität gefährdet ist, dann setzt die Zentralbank neben Beschneidung der Geldmenge eine Erhöhung des Leitzinses für die Herausgabe von Geld ein. Umgekehrt wird der Zins verringert, wenn das Geld zu stabil ist oder sogar im Verhältnis zu den Gütern immer teurer werden würde, was dann Deflation genannt wird. Warum ist es volkswirtschaftlich besser eine leichte Inflation zu haben? Weil es für die Wirtschaft besser ist, wenn alle seine Teilnehmer davon ausgehen, dass es besser wäre jetzt sein Geld auszugeben als später, denn später ist dieses Geld bei leichter Inflation weniger wert. Ähnlich steuern kann die Zentralbank den Geldwert anhand der Mindestreserve, die die Banken an Vermögen vorhalten müssen, ohne diese in Ihre Darlehensgeschäfte mit einzubeziehen. Bei höher vorgeschriebener Mindestreserve wird das Darlehensgeschäft eingeschränkt, genauso wie dieses bei geringerer vorgeschriebener Mindestreserve ausgeweitet wird. Das wirkt sich dann natürlich auch wieder auf die Geldmenge und im Ergebnis auf die Geldwertstabilität aus.

Das sind die einfachen Mittel einer Zentralbank, über die wie bei vielen anderen Behörden normalerweise nicht sehr viel berichtet wird und die ihre Arbeit im Stillen macht. Es gibt auch heute noch sehr viele Zentralbanken, bei denen das immer noch zutrifft, nicht aber bei der Europäischen Zentralbank (EZB). Warum trifft das bei der EZB gerade nicht zu? Warum ist die EZB mit dem von ihr verwalteten Euro gerade die Institution, die seit ihrem Bestehen und bis heute zunehmend dafür gesorgt hat, dass eine neue eurokritische und überwiegend konservative Opposition gerade in Deutschland entstanden ist? Weil eben eine Zentralbank nicht im luftleeren Raum agiert. Sie braucht Staatswesen, Bankenwesen, Fiskalpolitik, Arbeitgeberverbände, Gewerkschaften, und noch einiges weitere, die allesamt einheitlich geregelt sind. Dann kann eine Zentralbank ihre Geldinstrumente angemessen einbringen. Das alles sollte irgendwann bei der EZB auch einmal so sein, hätte es vielleicht ja auch sein können. Ist es aber nicht. Und so wird es auch nicht werden. Der Euroraum wir auf lange absehbare Zeit kein einheitliches Staatswesen, sprich kein Gebiet mit einer Verfassung werden. Damit einhergehend wird es auf absehbare Zeit auch kein einheitliches Bankenwesen, keine einheitliche Fiskalpolitik, keine einheitliche Lohnpolitik und kein Einheitliches in weiteren Bereichen, wie zum Beispiel eine einheitliche Regelung der untergegliederten Gebietskörperschaften geben. Das mögen sich in CDU, SPD und anderen Parteien ja noch bis 2016 einige Politiker vorgestellt haben, jedoch seit dem Brexit ist damit endgültig Schluss. Die EU und der Euroraum dürfen froh sein, wenn sie den aktuellen Status Quo bewahren können. Aus nationalliberaler Sicht wird das jedoch nicht möglich sein. Seit Gründung der AfD gehört die Einschätzung, dass sich EU und Euroraum nicht angemessen weiterentwickeln werden zur DNA der Partei. Mit einer angemessenen Entwicklung dieser beiden Räume wird das Funktionieren des Euros erst möglich. Die AfD ist entstanden mit der Behauptung, der Euro funktioniert nicht und wird nicht funktionieren. Ob die AfD sich bei dieser und einigen anderen Gemeinsamkeiten mit dem Nationalliberalismus zukünftig auch insgesamt zu einer neuen nationalliberalen Kraft entwickelt, das wird sich im Wettstreit der Ideen und Strömungen dieser jungen Partei erst herausstellen.

Der Euro ist jedenfalls ein sehr gewagtes Experiment, das von Kohl und Mitterrand in den 90er Jahren gestartet worden ist. Griechenland ist zwischenzeitlich schon bankrott gewesen, sprich es hätte von keinen internationalen Banken mehr Geld bekommen, wenn nicht alle europäischen Regierungen eingesprungen wären. Irgendjemand muss die produzierten Staatsschulden von Griechenland, Italien und anderen Ländern kaufen, wenn dieses vom allgemeinen Publikum, den Börsen oder der Kreditwirtschaft nicht mehr gemacht wird. Ansonsten würden diese Länder wieder in die Pleite laufen. Wer also springt ein? Die EZB. Die kauft Schuldtitel dieser Länder ein, die in der Menge inzwischen die Billionen Grenze überschritten haben. Das ist normalerweise nicht der Job einer Zentralbank. Eine Bundesbank in Deutschland hat so etwas nicht gemacht. Was wird erst passieren, wenn es die nächste ernsthafte Rezession gibt? Die EZB hat reines Glück, dass es die im letzten Jahrzehnt nicht im größeren Ausmaß gegeben hat. Vor dem Hintergrund der allgemeinen knapper werdenden Ressourcen, den Schwierigkeiten im Umgang mit den Treibhausgasen und den verschiedenen Gefahren im Zusammenhang mit Ü ist eine größere Rezession mehr als wahrscheinlich.

Ausgelöst durch die Pandemie Covid-19 ist diese Rezession während der Endfertigstellung dieses Buches tatsächlich ausgelöst worden. Covid-19 brach über China, Iran und Italien und innerhalb weniger Wochen über der ganzen Welt aus. Dieser Virus, dessen rechtzeitige Eindämmung im Gegensatz zum Ebola Virus nicht gelungen ist, erfordert allgemeine Schutzmaßnahmen zwischen allen Menschen auf der ganzen Welt, ausnahmslos, in jedem Staat. Der einzige Staat, der bisher anfänglich versucht hat, das Covid-19 Virus ohne allgemeine Schutzmaßnahmen seiner Bürger über sich ergehen zu lassen, und durch die Stärkung der Abwehrkräfte der Bevölkerung zu besiegen war die Niederlande. Die Niederlande sind nach wenigen Tagen auch zu einer allgemeinen Schutzstrategie übergegangen. Das Ausmaß dieser Pandemie wird zu einer schweren Rezession führen.

Eine Rezession ist normal und an sich nicht etwas Schlimmes. Rezessionen hat es immer gegeben und wird es immer geben. Die Wirtschaft ist keine Einbahnstraße. Die EZB wird jedenfalls selbst zum größten europäischen Problemfall werden, wenn sie auf Ihren Billionen-werten Schuldtitel sitzen bliebe, die in einer Rezession von Ihren Schuldnern unter Umständen nicht mehr bedient werden könnten. An dieser Stelle könnte man sicherlich einige wirtschaftliche Horrorszenarien entwickeln, aber wollen wir lieber davon ausgehen, dass eine Rezession massiven Ausmaßes nicht sehr schnell kommt und die europäische Politik Entscheidungen für die Renationalisierungen Ihrer Zentralbanken trifft. Dieser Zeitpunkt droht schon mit der Covid-19 Krise verpasst zu werden.

Eine besondere Erscheinung in einem Währungsraum sind die unterschiedlichen Zinsniveaus, die in den verschiedenen Ländern des Euros entstehen. Diese sind nur innerhalb dieser einmaligen Konstellation des Experimentes Euro vorstellbar. In Griechenland, Italien oder Spanien bekommt der Sparer noch Zinsen für sein Geld, das er auf die Sparkonten der Banken anlegt. Offensichtlich brauchen die Banken dort noch Geld, um es weiterverleihen zu können und lohnen es den Sparern mit wenig, aber immerhin mit noch etwas Zins. In Deutschland muss der Sparer aktuell Geld mitbringen, wenn er das Geld auf der Bank anlegen möchte. In Deutschland ist so viel Geld und Kapital unterwegs, dass die Leute, die Banken und die Zentralbank zu viel davon haben. Die deutschen Banken haben so viel Geld, dass es sich für sie nicht mehr lohnt, sich gegen Zinszahlungen an die Sparer noch mehr davon zu holen. Teilweise sind diese Banken gezwungen, ihr überschüssiges Geld gegen Gebühr auf Konten der Zentralbank zu parken. Normalerweise bekommen die auch Zinsen dafür, wenn sie der Zentralbank Pfand wertige Liquidität bereitstellen. Es ist absurd. Es wird so viel Geld über Schuldtitel in den Geldmarkt gepumpt, dass dieser in Deutschland schon überquillt. Auch an dieser Stelle will ich auf das entstehende Horrorszenario gerne verzichten, das entstünde, wenn eine schwere Rezession im Euroraum stattfinden würde. Mit der Covid-19-Pandemie ist diese schwere Rezession zu Beginn der 20er Jahre leider schon eingeleitet.

In den 10er Jahren hat eine Konjunktur unter Volllast dafür gesorgt, dass die Risiken dieser Geldpolitik eingehegt werden konnten. Die Zeit dafür ist mit der Covid-19-Pandemie abgelaufen. Die Verantwortlichen für die europäische Wirtschaftspolitik müssen gegenwärtig die Entscheidungen treffen, damit wieder eine natürliche und geordnete Geldpolitik möglich wird. Das ist eine Geldpolitik, bei der die Zentralbanken wieder für ihre jeweilige Nation arbeiten und nicht für einen Staatenbund, dessen gesamte politische Weiterentwicklung auch ohne belastende Zentralbank schon schwer genug ist. In Krisenzeiten sind oft schwierige Entscheidungen, großartige Leistungen und unvorhersehbare Fortschritte vollbracht worden. Wir wollen alle hoffen, dass uns das auch in unserer Zeit vergönnt ist.

Der Autor

Der Autor ist in Schleswig-Holstein aufgewachsen, hat in Berlin studiert und nach abgeschlossenem Studium in verschiedenen Städten gearbeitet. Seit 1999 verdient der Autor sein Geld als IT-Dienstleister in Berlin. 1989 trat der Autor in die FDP ein. 2013 trat er aus dieser Partei wegen des Paradigmenwechsels in der Familienpolitik wieder aus. Nachdem die CDU in den Folgejahren eine illusionäre Außenpolitik gemacht hatte, entschloss sich der Autor 2016, der AfD beizutreten. Die politische Entwicklung insgesamt und die Atmosphäre innerhalb der AfD veranlassten den Autor dazu, ehrenamtliche Aufgaben in Fachausschüssen für diese Partei zu übernehmen.

Der Verlag

*„Wer aufhört
besser zu werden,
hat aufgehört
gut zu sein!*

Basierend auf diesem Motto ist es dem novum Verlag
ein Anliegen neue Manuskripte aufzuspüren, zu ver-
öffentlichen und deren Autoren langfristig zu fördern.
Mittlerweile gilt der 1997 gegründete und mehrfach
prämierte Verlag als Spezialist für Neuautoren in
Deutschland, Österreich und der Schweiz.

**Für jedes neue Manuskript wird innerhalb
weniger Wochen eine kostenfreie, unverbind-
liche Lektorats-Prüfung erstellt.**

Weitere Informationen zum Verlag und
seinen Büchern finden Sie im Internet unter:

www.novumverlag.com